當管教變成虐待

多角度剖析兒虐事件的真實樣貌，
守護孩子健全成長機會的
教養省思

金智恩 著　謝麗玲 譯

各界推薦

＊人名皆為音譯，機構單位名稱為意譯

作者根據個人經歷，真誠揭露的兒童虐待事件！沒有人能在兒童虐待事件中置身事外，作者以流暢的敘述詳細告訴我們什麼是兒童虐待，乃至於應對方法。為了創造能讓孩子們幸福生活的環境，身為成年人的我們，盡力關心並了解兒童虐待是最重要的事。

——**金恩持／諮商學博士、夢想發展心理諮商研究所 所長**

我是在仁川警察廳科學偵查隊工作的警長金鎮赫。由於職業的關係，經常前往兒童虐待事件的現場。身為一名養育孩子的父親，每當目睹兒童虐待事件，總是比其他任何事件更心痛、無法輕易忘懷。正如本書韓文書名所說的「沒有一個孩子應該挨打」。孩子不是成年人的財產，而是人格主體，需要成年人的照顧和關愛。衷心期盼有朝一日兒童虐待事件不會再發生，不必再前往可怕的兒童虐待事件現場。強力推薦本書給人家。

——**金鎮赫／仁川警察廳科學偵查隊 警長**

這是一本讓人心頭發熱的書，作者撰寫時應該百感交集。書中從父母（養育者）和老師的觀點，提供了可以更正確地教育孩子的方法。閱讀後深刻地體會到，防止兒童虐待最好的方法是教師們共同創造一個以孩子為中心的環境，我認為當教師們可以相互提醒彼此的錯誤行為，也就能保護孩子。希望有更多的教師閱讀本書，並以本書作為重要的參考指南，改變對兒童虐待的認知，關注並且發現因為家庭虐待而痛苦的孩子。

——**朴舒妍／保育教師**

由於職業關係，我通常是在兒童虐待發生後，才為被害人提起訴訟或辯護，類似事後的收拾處理。每當這種情況發生，我都能深刻感受到：雖然事後處理很重要，但事先預防更重要。從這個角度來看，本書從分析兒童虐待的原因和現狀開始，指出成人教育的必要性、日常生活中的預防方法，到所謂幼托整合的行政解決方案，做了全面的介紹，非常有意義。最重要的是，這些內容之所以觸動人心，是來自作者真誠的思考和洞察，呼籲防止兒童虐待。

對於所有和我一樣，期盼不再有孩子和家庭遭受兒童虐待的人們，我相信本書是一個很好的起點。

——**秋思亞／海律律師事務所 律師**

作者是兒童虐待的受害者和加害者家屬，雙重立場使其並未將兒童虐待單純當作個人痛苦的經歷，而是客觀地視為社會問題。那樣的冷靜反而深深觸動我的心。她的堅強從何而來？金智恩作家的書對於養育孩子的人，甚至沒有養育孩子的人，只要是這個社會的一分子，都是本必讀的書籍。

——李松／明朗諮商中心 中心長、漢拏大學 兼任教授

作者藉由被大眾忽視的兒童虐待現況，闡述和「兒童教養」相比，更優先的應該是「成人教育」。本書讓我們省思是否以「管教」之美名給予孩子精神上的痛苦，推薦給所有剛成為大人的讀者。

——金龍泰／國民力量黨 青年最高委員

我是專門為受害者辯護的律師，處理兒童虐待犯罪和性犯罪相關的案件。我和作者結識，是作者的子女在幼兒園遭遇虐待事件後，委託我擔任辯護律師。作者沒有沉溺在事件中，而是保持適當的距離，以同時是受害者和加害者家屬的親身經歷，對於兒童虐待發生的原因、可以防止虐待的正確教育方法，皆客觀地闡述自己的看法。盼望我們能夠透過本書分享作者的想法和經驗，

也希望世界上再也沒有孩子遭受暴力對待。

——車榮均／車榮均律師事務所 律師

儘管兒童人口日漸減少，兒童虐待案件數量卻持續增加，虐待程度也越來越嚴重，而預防的法律和制度卻跟不上兒童虐待犯罪的腳步。我相信作者在兒童虐待的相關經歷和針對預防方法的深刻洞察，會是防止兒童虐待的基石。「創造一個讓孩子在愛之中成長的幸福社會」，希望這個尋常不過的文句能透過本書廣為流傳。

——孔惠晶／社團法人韓國兒童虐待預防協會 代表

本書明確指出孩子也有尊嚴和平等的權利，近年來兒童虐待已成為社會問題，我們所需要的不是管教孩子，而是教育大人。我想推薦這本書給利用管教一詞來正當化兒童虐童行為，以及熱中於懲罰勝過於制度性保護，所有「不夠好的大人」。希望大家都不要忘記，今日的成年人曾經也是個孩子。

——柳好貞／正義黨國會議員

韓國《民法》中刪除父母對小孩的懲戒權總共耗費63年，在這段漫長的時間裡，我們的社會將父母對子女的「暴力」包裝為「愛的鞭策」，並且視為理所當然。即使通報兒童虐待事件，最後沒有執行適當懲罰的情況不計其數。反之，這段時間在社會的默許下，許多的小天使離開我們的身邊，讓人心痛。為了保護孩子並日伸張孩子的人權，我從成為國會議員的那一刻起，一直努力改變那些不符合時代的錯誤法規。法律已經修改，現在是社會認知和家庭觀念改變的時候了。我盼望金智恩作家的這本書，能夠成為人們留意是否仍有孩子遭受虐待而被忽視，並且根除兒童虐待的契機。希望不再有小天使從我們的身邊離開。

——田溶冀／共同民主黨國會議員

作者坦率地講述遭逢「兒童虐待」的心痛經歷，因此我認為這本書能夠讓社會一起關注「我們的孩子們」，改變對兒童虐待的認知、建立相應的制度使整個社會共同成長。我由衷推薦這本書，也盼望藉由本書給予因為「兒童虐待」而痛苦的「我們的孩子們」帶來新希望。

——魏浩成／魏兒童青少年醫院 院長

作者序

兒童虐待不同於其他犯罪成立的要件比較模糊，即使加害老師做出類似的虐待行為，但在法院裁決下，有的可能被判無罪，有的則可能認定為虐待而判有罪。在某幼兒園發生的虐待事件中，A老師把孩子關在廁所裡4分鐘，罪行成立被判罰款300萬韓元；而B老師將孩子留在廁所裡1小時，被認為是為了管教而進行的「暫停時間」。因此，即使看起來相似的虐待事件，根據不同狀況，成立與否和處罰標準都有可能不同，這就是當前韓國法院中裁決兒童虐待的實況。孩子沒有投票權，在政策制定過程中往往被忽略或排除，因此照顧孩子的成年人有責任維護孩子的權利，必須持續關注相關的兒童政策。

本書想傳達的訊息是，希望不再有孩子在無人理會的角落裡哭泣。那些不知道自己正在施虐，給予孩子傷害的教師，以及全體國民，都應該提高對於虐待的認知。即使眼前無法立即終止虐待，只要大家持續關注，就能警惕那些想虐待孩子的成人，並且培養對於兒童虐待的正確認識。加害老師應該嚴懲，但是到目前為止，大多數的判決以從輕發落而結案。希望這些人為自己的犯行接受嚴厲的處罰，並且藉由重刑的判例累積，加強法律的力道。

同時身為兒童虐待受害者的父母與加害者的家人，是一連串痛苦的日子。我經歷很多次精神崩潰的時刻，每一次都讓我更清楚地體認到，這種事情絕對不能再發生，以及不能忽視在某處仍持續有成年人對孩子施暴的事實。我寫這本書的動力，是希望有一天不再有兒童虐待。「如果我放手不管，那麼孩子的幸福就沒有人在乎」、「如果我崩潰了，孩子們等待我伸出援手的最後希望也會崩塌」，在這樣的信念下，我鼓起勇氣寫下這本書。希望父母、幼兒園園長、老師，所有教導和養育孩子的成人，都能在閱讀本書中得到激勵，開始尋找自己的方法，讓身邊的孩子得到幸福。希望本書能成為「孩子身邊的大人必讀的書」和「孩子的幸福指南」。

非常感謝Golden Bucket EDU金忍娫（音譯）代表，在本書撰寫期間屢屢提供修改建議，並且參與企劃。每當我寫作上遇到瓶頸時，金代表總是鼓勵我本書是讀者所需要的書，讓我因此再生勇氣。

金智恩

目次

各界推薦　003
作者序　008
結語　203
附錄——兒少保護參考資訊　205

Part 1
兒童虐待的現況
01 孩子需要大人的幫助　014
02 沒有孩子應該挨打——父母的努力是絕對必要　019
03 以管教為名的虐待——改變大眾對於虐待問題的認知　026
04 在大人手中消逝的孩子——與其管教孩子，不如先教育大人　032
05 預防勝於懲罰——社會必須包容的虐待加害者　038
06 兒童虐待不能再繼續傳承　046

Part 2
經歷過才知道的事——兒童虐待受害者的日記
01 我的婆婆是兒童虐待加害者　054
02 孩子發出的受虐訊號　061
03 為什麼即使有監視錄影，幼兒園的虐待仍然持續發生？　070
04 他們為什麼成為沉默的共犯？　077
05 掌握黃金期是兒童虐待治療的關鍵　083
06 兒童虐待事件中的另一種犯罪者　092

Part 3

以管教為名的虐待——正確的管教方法

01 管教後的關懷不可少 102
02 不吃飯的孩子需要的是教育，而非強迫 110
03 喜歡躲在角落的孩子渴望安全感 118
04 養成良好的睡眠習慣 123
05 教導欺負朋友的孩子如何表達情緒 132
06 以堅定態度教導會咬人的孩子 138
07 用力擁抱會動手打大人的孩子 146
08 以正確的管教終結虐待 152

Part 4

家庭中發生的虐待

01 不再安全的家 164
02 家庭暴力檢查清單 170
03 需要加入寄養家庭的保護 177

Part 5

韓國迫切需要幼托整合

01 教師的合理待遇 192
02 切勿再推遲幼托整合 198

Part 1

兒童虐待的現況

01 孩子需要大人的幫助

2019年上映的電影《孩子的自白（原文名：小委託人）》，取材自2013年在漆谷發生的「漆谷繼母事件」，當時媒體大篇幅報導這起虐童案，激起民眾共憤。此事件揭露社會體制在處理兒童虐待問題上，沒有確實發揮作用，以及比虐待更衝擊的是，繼母對8歲的繼女殘忍施暴致死，卻為了掩飾罪行而強迫12歲的小姊姊謊稱是自己殺害了妹妹。根據這起事件改編的電影《孩子的自白》，描述一名律師聽到10歲少女自首殺死7歲弟弟之後，擔任少女的辯護律師，並且揭發繼母凌虐孩子的真相。

電影中的多彬和民俊仍在思念逝去的媽媽時，爸爸帶了新媽媽回家。孩子們因為有了新媽媽而高興，也很喜歡一開始對他們很好的繼母。只是好景不長，繼母會用水拷問他們，殘暴的動作和辱罵接連不斷，宛如變成了惡魔。多彬第一次遭受繼母虐待時，立刻就到警察局報案，告訴警察繼母緊勒她的脖子，結果警察反而訓了她一頓，並將案件轉交給兒童福利機構。正燁到法律事務所工作之前是兒童福利機構的社工師，他負責受理這個案子。正燁雖然察覺到孩子們受到繼母虐待，卻因為依法無據，什麼事都做不了，因此假裝不知情。變本加厲的繼母持續施暴，孩子們向老師求助，很多鄰居也都知情，但是沒有任何一個大人伸手援手。受虐之後即使報警，仍然要回到黑暗的家，面對繼母更殘忍的暴行。

「反正我們沒有調查權，什麼事都做不了。對方如果說今天不能家訪，只好請求那明天可以嗎？拜託少打孩子一點、現在不打孩子了吧？像這樣很有禮貌地做家庭訪問，然後警察又把案子轉給我們。我們不是警察，什麼事都做不了，只能一直打轉，這就是現行的法律。」

這是電影中社工師說的話，也是兒童虐待的現實狀況。像多彬和民俊一樣，脆弱且敵不過大人的第二個、第三個兒童虐待受害者，就算勇敢請求大人幫助，只是遭受對方冷處理，被以這不是我幫得上的事而推託。電影中的孩子們也是，在沒有大人可以保護自己的想法之下，最終只能放棄並沉默。還有多少孩子仍然在看不見的某一處死角無聲地哭泣呢？

繼母持續凌虐，甚至到民俊腸子破裂的嚴重地步，繼母卻以治療費太貴為由，沒有帶他去醫院，留在家中置之不理，最後導致民俊喪命。繼母為了逃避責任，要求姊姊多彬坦承是他害死弟弟。多彬害怕繼母的暴行，只能依照繼母告訴她的說詞認罪。整部電影讓我憤怒不已，止不住淚水。怎麼可能會有人那麼殘忍呢？更心痛的是，這部電影不是虛構的故事，而是真實事件，像這樣的事仍然在我們身邊屢屢上演，但是我們的法律還停留在原處。

2020年引起全國民眾憤怒的「鄭仁事件」，是一名被收養的孩子遭養父母凌虐致死。這起事件雖然促使懲治虐待兒童特別法於2021年再次修正，但總是在失去寶貴的生命之後才想到要修法，只能稱為亡羊補牢之舉。現在是大人們正確認識兒童虐待、關心孩子並且給予幫助的時候。虐待孩子的不只是電影中的繼母，實際上親生父母施虐的情況更普遍，與代理養育者（幼兒園、保母等）有關的事件也層出不窮。那些加害者的辯解不外是「因為認識不足，所以不知道是虐待」，或是「雖然知道，但不知道怎麼處理」，導致令人心痛的情況反覆發生。

根據韓國保健福祉部（主管衛生保健、社會福利等身心健康相關事務）的統計資料，兒童虐待件數從2014年的1萬8700人，2019年增加到3萬45人；虐待致死的人數從2014年14人、2016年36人，持續增加到2019年42人。兒童虐待的預防和相關政策雖然不計其數，虐待事件仍然持續增加。兒童虐待不是個人的問題，而是社會的問題，我們現在必須有這樣的認知，

兒童虐待現況統計

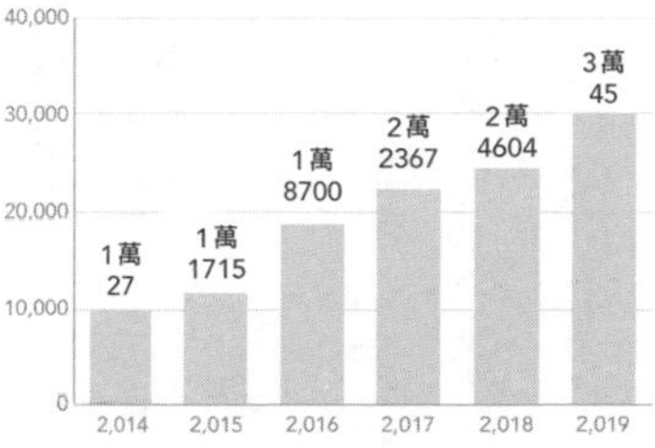

兒童虐待案例件數

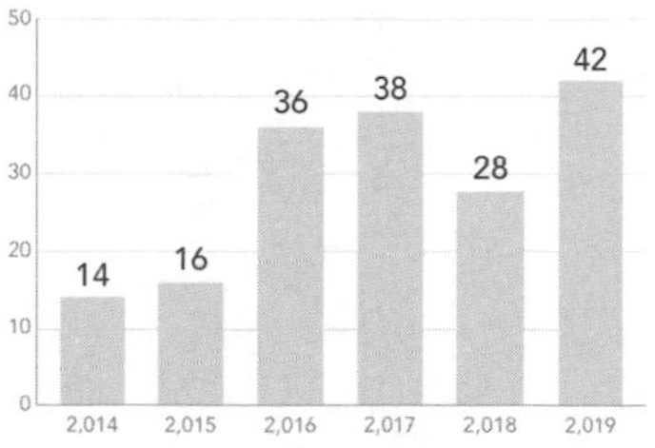

兒童虐待致死人數

並且一起關心這個議題。

我想藉由這本書介紹「父母和代理養育者必須知道的兒童虐待預防方法」、「不知怎麼地就變成虐待孩子」、「無法調節情緒時如何對待孩子」等預防方法；並且討論幼兒園園長和老師可以從哪些徵兆看出孩子在家裡遭受虐待，發現虐待之後應該採取的措施。反之，當父母懷疑孩子在幼兒園受虐時可以留意的徵兆，發現之後應該對幼兒園採取的措施。最後則是維護孩子心理健康的照顧方法。希望這些討論能讓最親近孩子的大人更有力量來保護孩子。

非洲有一句諺語：「養育一個孩子需要全村的力量」，充分說明為了讓一個孩子幸福地成長，需要的不僅是一個家庭，而是整個村子的努力。然而，從兒童虐待的現況來看，家庭、社區、社會和國家的努力仍然不夠。遭受虐待的孩子自行體會到，想要戰勝施暴的父母，自己的力量太弱，更別說膽敢有伸出小拳頭想要反擊父母的念頭，只會感到害怕和恐懼，以及必須向有力量的大人求助的急迫感。當那些原本以為有力量的大人卻不提供協助，孩子又會因此再次留下創傷。

電影中繼母的罪行雖然最後被揭露，卻不適用殺人罪。繼母被判16年徒刑、親父因為協助犯罪被判5年徒刑，相較之下不痛不癢的輕罰。刑罰的力度雖然重要，但最重要的是有效預防和處置，讓孩子們不再遭受虐待。過了段時間後再次觀看這部電影，仍然感到電影中的殘忍暴行慘無人道，但未能保護孩子的也許正是我們這些成年人吧？

「漆谷繼母事件」的真相比電影殘忍，電影未能呈現事件的全貌。在寬鬆的法網下，在妹妹死亡之前向警察局的通報和受理次數高達37次。在這段時間裡，孩子們有多麼痛苦，身為大人只能感到內疚。我們身為守護孩子、最親近的養育者，從此不能夠再袖手旁觀，必須成為能夠保護孩子，無論何時只要伸出手就能給予幫助、可靠的大人。在我們看不到的無數地方，絕對不能夠有因為害怕而發抖、獨自哭泣的孩子。身為兒童虐待受害者的父母、兒童虐待加害者的家人，我希望盡可能地呈現這段時間的經驗和知識，期盼不再發生令人痛心的憾事。

02 沒有孩子應該挨打——父母的努力是絕對必要

出生不到20個月的嬰兒，因為父親的虐待而死亡。死亡當天，無法控制情緒的父親用棉被蓋住孩子、暴打一頓。孩子身上到處都是骨折和皮下出血，母親把孩子的屍體棄置在冰箱裡，行徑令人無法理解。

另一起兒童虐待案件受害者是3個月大的女嬰，母親用腳踩壓女嬰的手臂、拉扯腳踝，造成手臂和頭部等11處受傷，理由只是女嬰不肯睡覺一直哭。父親和母親沒有帶孩子去醫院，也沒有好好餵養女嬰，營養不良和脫水症狀明顯可見。這些虐待行為，母親的說詞是因產後憂鬱症和經濟困難的壓力導致。

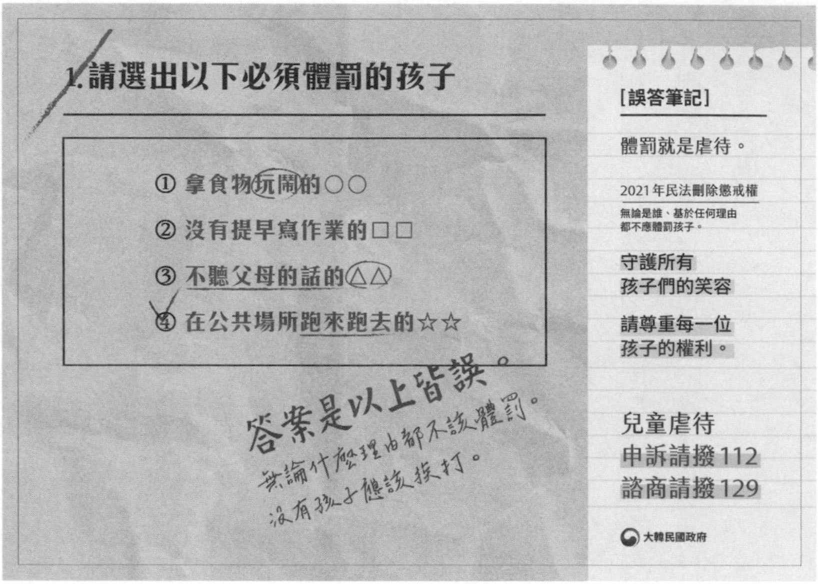

2021年6月，韓國地鐵站裡張貼的一張廣告中寫著「體罰就是虐待」。孩子做錯事的時候要拿起棍子打一頓才會改過——我們必須先改正這種陳舊的觀念。就像廣告中所傳達的訊息，體罰就是虐待，無論有什麼理由都不該體罰，也沒有孩子應該挨打。

上一節提到的「漆谷繼母事件」，以及造成討論話題的「鄭仁事件」，類似的事件可能讓人們以為繼母所造成的兒童虐待最嚴重。然而，從統計資料來看，兒童虐待的施暴者82%以上是親生父母。

從兒童虐待權利保障院（保健福祉部的下屬機構，專責兒童政策、兒童福利等和兒童權益相關的保障，並提升兒童的生活品質）所提供的〈2020年兒童虐待主要統計〉資料，就可以看出兒童虐待的施暴者大部分是親生父母。2021年的現況統計資料只是數字不一樣，親生父母仍然是主要的施暴者。這些孩子從最渴望得到愛的父母那裡，反而得到了虐待。說起兒童虐待，人們最先想到的可能是身體虐待，其實精神虐待和身體虐待的嚴重程度不相上下。

三、虐待行為者與被害兒童的關係

虐待行為者與被害兒童的關係統計結果為父母25,380件（82.1%），代理養育者2,930件（9.5%），親戚1,661件（5.4%），無關係者565件（1.8%）等。其中父母為施虐者的案件數由高至低為：親生父親13,471件（43.6%），親生母親10,945件（35.4%），繼父578件（1.9%），繼母312件（1.0%）。代理養育者中，以小學、中學、高中職員882件（2.9%）為最多。

〈表1－3－6〉虐待行為者與被害兒童的關係　　（單位：件／%）

關係		件數（比率）	
父母	親生父親	13,471	（43.6）
	親生母親	10,945	（35.4）
	繼父	578	（1.9）
	繼母	312	（1.0）
	養父	40	（0.1）
	養母	34	（0.1）
	小計	25,380	（82.1）
親戚	祖父	231	（0.7）
	祖母	374	（1.2）
	外祖父	131	（0.4）
	外祖母	230	（0.7）
	親戚	429	（1.4）
	兄弟、姊妹	266	（0.9）
	小計	1,661	（5.4）
代理養育者*	父或母的同居者	444	（1.4）
	幼稚園教職員	118	（0.4）
	小學／中學／高中職員	882	（2.9）
	補習班及訓練所人員	208	（0.7）
	保育教職員	634	（2.1）
	兒童福利設施人員	556	（1.8）
	其他設施人員	12	（0.0）
代理養育者*	青少年相關設施人員	14	（0.0）
	寄養父	4	（0.0）
	寄養母	16	（0.1）
	保母	42	（0.1）
	小計	2,930	（9.5）
無關係者	鄰居	211	（0.7）
	陌生人	354	（1.1）
	小計	565	（1.8）
其他		369	（1.2）
總計		30,905	（100.0）

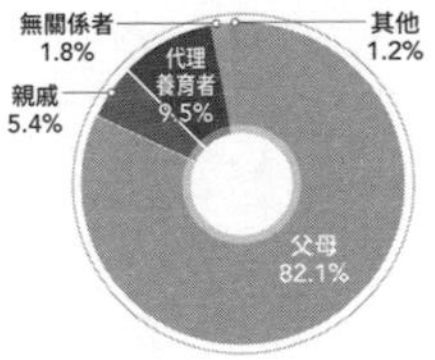

〈出處：兒童虐待權利保障院2020年兒童虐待主要統計〉

外婆和母親虐待5歲孩子，對孩子施加嚴重的精神虐待的事件，甚至讓公訴檢察官流下眼淚，在宣讀起訴書時屢次哽咽、心痛不已。受虐的孩子已經被調教到即使犯一點點小錯，也會自己認錯。若是被追問「我說過這時候要怎麼辦？」孩子就會回答「要送去孤兒院」、「我該打」，就像這樣，孩子總是主動說出應該接受什麼教訓甚至於體罰。此外，生母以孩子說謊話為由，在孩子瀕死之前仍然逼問，孩子以「下次再也不敢了」求饒，生母卻說「反正都要死了，也沒有下次了」，進行精神上的虐待。孩子在入夜後請求給東西吃，生母會說「吃死了也不是我的責任」，也曾經恐嚇「吐出來的話給我再吃進去」。以褲子上有小便痕跡為由，捏掐孩子的下體，也曾叫喊一起死吧，並且餵孩子吃下3顆鎮靜劑。甚至用酒瓶和刀子在孩子身上留下傷痕等身體虐待，是讓人非常惋惜且心痛的兒童虐待事件。

3到5歲之間是情感發育最關鍵的時期，此時必須從父母那裡得到最多的愛，從中感受到安全感。一間幼兒支援中心指出，父母應該和這個年紀的孩子建立溫暖又穩定的依戀關係，因為此階段的孩子以口語表達情緒的能力仍有限，父母必須盡量幫助孩子以適切的方式表達情緒。此外，當孩子出現負面情緒時，最好的做法是給予支持，並且幫助孩子處理負面情緒。當然，並不是只有對這個年齡層的孩子如此，從父母身上得到穩定的情感和情緒，對於各個年齡層的孩子來說都很重要。然而，有許多父母以無法控制自身情緒當作軟弱的藉口，對孩子施加恐嚇、威脅、辱罵甚至於嘲笑等精神虐待。就算是到巷口的小吃店，也可以看到父母對不聽話的孩子做出恐嚇。這種精神虐待給孩子留下的創傷，不亞於身體虐待。我們是否也在不知不覺中對孩子做出精神虐待的行為呢？

首先要了解什麼樣的虐待行為會對兒童發育和心理健康造成傷害，包括不讓孩子睡覺，威脅「送到孤兒院」、「一起死吧」，以及「混蛋」等輕蔑的語言暴力都算是情緒虐待行為。此外，脫光衣服推趕、打包行李趕出家門，或是夫妻在孩子面前吵架，拿孩子和兄弟姊妹或朋友做比較、差別對待或偏愛等，在家裡孤立某一個孩子，讓其他孩子看到受虐的場面，「你活該，還好意思哭啊」，沒有安慰反而威嚇等惡意的語言暴力，這些都屬於精神虐待。幼年時期遭受父母虐待，會對孩子長大成人後帶來負面的影響。一則文化新聞的報導內容寫道：「以成年暴力加害者為對象的調查研究結果顯示，他們大多數曾經在兒童時期遭受父母的虐待，或者目睹父母的暴力行為。如果在成長過程中遭受父母的身體、精神、性虐待等，那麼可能會看輕『暴力』問題的嚴重性，並且容易行使暴力。針對約會暴力也有同樣的研究結果，幼年時期經歷過虐待的學生，由於習慣人際關係中的暴力和矛盾情況，犯下約會暴力的可能性較高。結論是，經歷過暴力的孩子成年後施暴的可能性較高，在兒時遭受虐待成年後也可能行使暴力，以及看著父母做這些行為的孩子，成年後會有同樣的暴力行為。」暴力就這樣在世代間傳遞，成為惡性循環。我們也曾經遭受父母的虐待嗎？那樣的虐待正傳遞給下一代嗎？請參考下一頁表格，檢查看看自己是否在不知不覺中對孩子進行虐待。

如果在下一頁的檢查表中勾選了任何一項「有」，那麼就有必要深入反思。為了讓孩子能夠成為情緒穩定且快樂的孩子，而不是在痛苦中成長，父母的努力不可或缺，即使從現在開始都不算晚。

遭受虐待的孩子從外表就看得出來。遭受身體虐待的孩子在和大人接觸時會感到不安，聽到其他孩子哭泣或尖叫聲會感到害怕，因此做出攻擊或偏激的行為。另外，若是對施暴者感到不安和害怕，會持續顯露出警戒。遭受情緒虐待的孩子會有咬人、不斷洗東西或洗手等行為障礙的舉止，也會有遊戲障礙、歇斯底里、強迫症、恐懼症、語言障礙，甚至自殺等偏激行為。性虐待的受害者會有犯罪、不良行為、離家出走、殘忍對待動物等行為，或是出現睡眠障礙、斷絕社會關係、尿床、退化行為、注意力不足等問題。至於被父母疏忽和放任的孩子經常出現發育遲緩、發

情況	有	無
1. 夫妻曾經在孩子面前吵架	☐	☐
2. 曾經在孩子面前丟擲或摔毀家庭用品	☐	☐
3. 曾經在孩子面前打配偶	☐	☐
4. 曾經因為別的事發火，拿孩子出氣	☐	☐
5. 曾經對孩子說過埋怨或惡意的言語	☐	☐
6. 曾經無視孩子的人格、情緒和感受而辱罵	☐	☐
7. 曾經不顧孩子的想法，對孩子有不切實際的期待和要求	☐	☐
8. 曾經在外人面前嚴厲教訓孩子	☐	☐
9. 曾經說過要把孩子趕出去或遺棄在街頭	☐	☐
10. 曾經用手、腳等肢體打孩子	☐	☐
11. 曾經用家庭用品（掃把、抓癢棒等）打孩子	☐	☐
12. 曾經將孩子打到身上有瘀青	☐	☐
13. 曾經將孩子獨自關在狹小的空間裡	☐	☐

表格出處：濟州特別自治道

育障礙、身體和健康狀況不佳等問題。這些是遭受虐待的孩子所呈現的創傷。我們有必要關心自己和身邊的孩子是否有這些現象，因為兒童虐待已經超出個別家庭的範疇，已然成為整個社會的問題，而建立這樣的認知刻不容緩。最常發生兒童虐待的地方是家庭，而施暴者大多是親生父母。我們不應將此單純視為別人的家務事，唯有整個社會和所有成人都一起關心，才能保護兒童不受虐待。為了確保家庭內的兒童虐待不再發生，後面的章節會詳細討論如何預防和應對措施。

沒有應該挨打的理由。
沒有應該挨打的孩子。
有的只是無法控制情緒、不成熟的大人。

03 以管教為名的虐待——改變大眾對於虐待問題的認知

仁川的一所公立幼兒園（台灣於2012年整合幼兒托育與教育，而韓國則採幼兒園、幼稚園兩種體制，見本書PART5內容）頻繁發生兒童虐待事件，園長主張打孩子不是虐待，而是為了管教和矯正行為，媒體公開的這段錄音引發了熱議。園長唆使施暴的老師在接受警方調查時，聲明不是虐待而是管教孩子。錄音檔出現「只不過用手指敲了幾下頭、把孩子抱到桌上，不是該死的罪過嘛，我不認為有嚴重到要被社會這樣撻伐」，並且批評家長為「育兒無知者」的內容。

另外，在首爾的一所家庭式幼兒園的虐待事件中，對於3歲的孩子被打耳光，園方也主張是為了制止兩個孩子吵架所做的管教。大田的一間幼兒園將12個月大的嬰兒關在黑暗的房間裡，園長也聲稱是一種管教。這些行為真的是管教嗎？這些只不過是用來逃避的藉口，以管教之名行虐待之實。

韓國現行的兒童福利法中，「所有妨礙兒童正常的身體、心理和性發展的行為都是兒童虐待」，明確規定兒童的監護人有責任保護和指導兒童，放任和遺棄都是兒童虐待，應該受到處罰。上述事件都應該被認定為虐待，而不是管教。

幼兒園虐待事件偶爾會成為媒體報導焦點，我也曾經和丈夫討論過，如果我們是受害孩子的父母會怎麼做。只是從媒體上聽聞，已經讓我們憤怒不已，然而幼兒園虐待事件也發生在我們心愛的孩子身上。光是回想那一天的事還是很難受，我在寫這篇文章時，身體仍然顫抖不已。一開始是接到警察打來的電話，告知我們的兩個孩子遭到幼兒園老師虐待。在我們前往警察局確認監視錄影的路上，我一直在想我的孩子究竟受到什麼樣的虐待，並且設法鎮定緊張不安的心。當我和丈夫進入警察局看監視畫面，見到眼前那些老師對孩子假裝善良、戴著虛偽面具的模樣，眼淚止不住地流下。

監視器中的殘忍畫面令我感到心痛，然而，更讓我憤怒和痛苦的是，與之前看到新聞報導時「我要是遇到那樣的事，絕對不會忍氣吞聲」的想法完全不同，我只能採取謹慎的應對，擔心自己的錯誤行動會讓他們逃過處罰，身為兒童虐待受害者的父母凡事都要忍耐，只能追問為什麼要打我的孩子？甚至按捺住怒氣在電話中詢問打我家老大的老師，孩子到底做錯了什麼事要受到這種虐待時，對方的回應不是道歉，而是厚顏無恥地說「是在管教孩子」，實在令人憤怒不已。對方始終不承認錯誤，反而辯解說是管教，態度理直氣壯。我無法繼續和他談下去，只能掛上電話不停地流淚。只因為孩子弱小好欺負就打他們，這樣的人一定要為罪行接受審判和制裁，我產生了這種強烈的想法。當然，我寫這本書的目的不是要懲罰加害者，而是為了讓虐待事件不再發生，「在丟失羊之前」先修補柵欄。那些我曾經認為只是別人家的事，如今卻同樣發生在我的身上，我將盡所能防止再有任何孩子受到傷害。

對虐待事件知道得越深入，加害者的說法聽得越多，讓我越能保持客觀。我親身承受的虐待事件，或是曾經旁觀的事件中，絕大部分的施暴老師都否認是虐待，他們主張只是程度輕微的小事，一再推託是管教試圖脫身，在法庭中也請求從輕發落。孩子們遭受虐待時，這些人舉起手打孩子卻閉口不談，現在倒是忙著張嘴舉手為自己喊冤辯護。所謂的管教到底是什麼呢？毆打、囚禁、斥責可以說是管教嗎？這些偽裝成管教的行為分明是虐待。我不禁對過去的旁觀感到自責，若是和丈夫看到媒體報導的兒童虐待事件時，能更切身地視作嚴重的社會問題來理解、如果當時我能有方法防止孩子受害，並且採取行動的話，我的孩子也許就不會遭到虐待。珍貴、幼小又柔弱，連我都不曾大聲斥責的孩子們，究竟受到多少傷害、驚嚇。帶著惡魔面具的老師們，一副會為孩子竭盡心力、以孩子優先的模樣，被讚譽為好老師，因此每天早上孩子哭鬧說討厭去幼兒園時，我總以為他只是想留在家裡待在媽媽身邊，仍然把孩子們送到可怕又殘忍的老師身邊，而孩子們只能乖乖配合。即使現在回想起來，仍然感到極度心痛。

然而，接下來才是問題。隨著調查進行，施暴老師的人數逐漸增加。即使是負責幼兒園虐待事件的警察，也沒有正確認知到問題。警察採信老師們所說的，是為了管教而用手指敲了幾下頭的說法，回答說：「好像不能說有多壞」、「以前的人會覺得只是被鄰居大叔敲幾下頭的程度，現在有人會指責說是虐待，實在很難判斷。」當然，從前對兒童虐待的認識不如現在，敲幾下頭不會被認為是虐待，我在學生時期也曾被老師體罰，學校會私下以「愛的鞭策」作為管教手段，甚至打到大腿內側出現瘀青，也不會有任何學生會認為受到虐待而報警。

但是如今不同了，先不論幼兒園，試著從學校的角度來看看吧。如果一名高中生在其他同學面前被老師敲了幾下頭而感到屈辱呢？這個可以說不是虐待嗎？重點不在於敲頭，而是如果學生感受到屈辱和害怕，那就絕對是虐待。幼兒園的孩子更年幼且柔弱，也無法像高中生一樣表達，這個年紀的感受更可能成為創傷。對於敲幾下頭是不是虐待，如果仍然覺得模棱兩可的話，我要再次強調現行的兒童福利法：

「所有妨礙兒童正常的身體、心理和性發展的行為都是兒童虐待。」

敲幾下頭當然是對身體造成傷害的虐待，而且不只是身體傷害而已，嚴重的話會引發精神問題，如果仍以老舊的觀念「敲幾下頭很難說是兒童虐待」來看待將造成大問題。若是認為敲幾下頭算不上是虐待，等於是為加害者提供了容易脫身的好方法。別的事不說，但敲幾下頭也沒關係的想法將會在他們心中扎根。我想問那些仍然這麼想的人：

「我要是敲你的頭，你能夠理解並保持沉默嗎？」

如果你也沒辦法容忍、充滿憤怒的話，請試著想一想，不是只有成年的你會有此感受，孩子們也一樣。我們必須銘記，虐待事件中的重點不是「敲幾下頭」的問題，而是可以達到管教目的之溝通方式不計其數，幼兒園老師如果沒有辦法透過溝通來管教孩子，不得不說是對管教方法無知，不具備老師的資格。職業是管教孩子卻不學習管教孩子的方法，作為老師所必備的理念和資格卻不夠，如果只是為了賺錢而擔任教職，「很抱歉，你絕對不能當老師」。

「管教是教導孩子習慣或熟練的行為，其意義與教育相近。當孩子犯錯或失誤時，教師應該在冷靜與理智的狀態下，告訴孩子正確的行為以及如何改正。我們必須明白，辱罵或者使用身體暴力的行為，絕對不是管教，而是虐待。教育是針對『犯錯的行為』，虐待則是針對『犯錯的孩子』。將重點放在讓孩子了解『犯錯的行為會導致什麼結果』是教育，將重點放在『為犯錯的行為付出代價』則是『虐待』。教育給予孩子『機會』和『方法』去導正犯錯的行為，虐待只給予『恐懼』和『痛苦』。」因此，還能堅稱做出虐待行為的老師是在管教孩子嗎？

吳恩英（音譯）博士在廣播中說過的話仍記憶猶新。他強調：「即使是出於善意，父母也不應該自認為可以在控制情緒之下，以教育的方式進行體罰」，以及「從一開始就不應該使用體罰」。就像「別用花打孩子」這句話的含意，無論出自何種理由，都不應將兒童虐待正當化。現在我們必須對虐待和管教有正確的認識，即使自己的孩子沒有、當然也不應該受到虐待，我希望所有人都能關心這個議題，防止任何以管教為名的虐待再度發生。所有以管教作為保護色的虐待都必須停止。

04 在大人手中消逝的孩子
——與其管教孩子，不如先教育大人

出生才2週的男嬰被父母毆打並拋摔致死，原因只是孩子吐奶又哭個不停。當孩子狀況危急時，20多歲的父母仍然約朋友到家裡烤肉、喝酒，甚至在嬰兒面前抽菸。

罹患產後憂鬱症、20多歲的母親，因為3個月大的女嬰不乖乖喝奶，所以沒有按時餵奶，又以不睡覺和哭泣等理由而虐待，造成孩子身上11處骨折。一對不想生孩子、20歲出頭的父母，因為經濟問題經常吵架，父親打孩子耳光、用手指按壓眼睛、抓傷額頭，做出各種虐待行為，甚至將孩子摔在水泥地上也沒有送醫。母親在過程中只有旁觀，事後也置之不理，殘忍的虐待一直到孩子出生滿84天時死亡才停止。這些虐待事件的施暴者都是20多歲的年輕父母，當然，這不代表所有年輕的父母都不能好好養育孩子，將孩子教養得很出色的年輕父母多的是。我只是想指出，年紀輕輕就成為父母，心智上可能還不夠成熟，當中有許多有虐待孩子的狀況。對於只會以哭來表達的嬰幼兒，父母必須有耐性和愛心才有辦法照顧。

有句話說「生了孩子之後才成為大人」，我的朋友中也有人在生孩子之前，認為個人的休閒生活最重要，遇到不如意時會發脾氣，但是成為媽媽之後便有所改變，看到孩子哭會努力想了解理由，是真正的慈母，對待其他人的態度也有很大的改變。看到朋友如此，會認為孩子是幫助大人成為「真正的大人」的天使。我也有同樣經歷。孩子出生之後，夜裡總是哭個不停，我也幾乎睜著眼睛徹夜未眠。幾乎不可能悠閒地好好吃頓飯，外食就別說了，連外出都不容易。從生活模式和孩子出生前大不相同，有許多地方必須調適來看，或許幾乎沒有父母可以免除產後憂鬱或壓力。但是為什麼？到底為什麼？即使育兒辛苦，有些父母用愛呵護孩子，有些父母卻並非如此，對幼小又柔弱的小天使做出殘酷的虐待？當然，父母所面臨的經濟問題或環境各不相同，但我認為原因是作為養育者的素質和教育不足所導致。

一名60多歲的保母對出生88天的嬰兒做出各種身體虐待，包括搖晃、啃咬、用力捶打後背和丟到沙發上等。一名經由保健福祉部引介的產後護理師，虐待出生才18天的嬰兒，抓住腳踝、倒立搖晃。此外，還有無數發生於幼兒園的虐待事件。根據《首爾新聞》的報導，在法院的判決書查詢系統中，搜尋和分析最近兩年間（2018年11月18日～2020年11月17日）父母虐待兒童致死的

15個案件、相關的19個判決文（包含二審），不會說話、路也走不好，未滿3歲的嬰幼兒虐待死亡占80%。虐待類型中，身體虐待占73.3%，其次是刻意疏忽（26.7%）。哭是嬰幼兒唯一的表達方法，而且他們幾乎沒有機會與外界接觸，即使有受虐徵兆也很難發現。韓國兒童虐待預防協會孔惠晶（音譯）代表指出：「兒童虐待死亡事件中，嬰幼兒死亡比例相當高，很多是沒有虐待徵兆，在死亡後才發現。」接獲119通報電話趕到現場的救護人員看到了孩子，也說「完全沒有足以懷疑是虐待的跡象」。虐待的事實一直要到嬰幼兒死亡才會被發現，實在令人遺憾。

2020年10月13日，首爾市陽川區發生一起兒童虐待殺人事件。一對養父母從機構領養了一名當時8個月大的女嬰，卻長期進行嚴重的虐待，女嬰在16個月大時死亡，也就是震驚社會的「鄭仁事件」。之後在2021年3月16日，懲治虐待兒童特別法修正案通過，修法所公布的理由是，「現行法中已規定兒童虐待犯罪之犯罪人造成兒童死亡時，加重判處無期徒刑或5年以上徒刑，殺害兒童的情況適用刑法中的謀殺罪，判處死刑、無期徒刑或5年以上徒刑。然而，兒童虐待所造成的死亡事件仍然持續發生，考量兒童虐待犯罪人殺害兒童之行為應受譴責，有必要進行較一般殺人罪更嚴厲的處罰。除了新增兒童虐待謀殺罪加重處分，為了保護受害兒童的權益，有義務選任公設律師及公設輔佐人，參與兒童虐待犯罪的調查與審判。」（參考出處：國家法令資訊中心

http://www.law.go.kr/)

主要內容

一、兒童虐待犯罪之犯罪人殺害兒童處死刑、無期徒刑或7年以上徒刑（第4條第1項）。

二、受害兒童沒有辯護律師時，選任檢察官擔任公設律師，從現行的裁量事項變更為義務事項（第16條）。

三、懷疑受害兒童有身體、精神障礙，貧困或其他原因無法委任輔佐人等情況，選任法院的公設輔佐人，從現行的裁量事項變更為義務事項（第49條第1項）。

兒童虐待事件的刑罰比以前嚴厲，這個修法立意雖然好，卻有一個問題。修正理由中寫道「兒童虐待所造成的死亡事件仍然持續發生」，那麼，兒童虐待事件每年增加，是因為刑罰太輕才發生的？加重刑罰能有效防止發生嗎？我認為迫切需要的是解決根本問題，從基本問題著手。

在前面的章節已經提過，但我要再次強調，重點不在亡羊補牢般的加重懲罰，而是應該從補強柵欄開始做起。我們需要重新仔細檢視相關的問題，包括父母、產後護理人員、兒童中心工作人員、幼兒園老師等，從養育的技巧、教育和政策等著手。

在育兒政策研究所的育兒政策手冊中，〈診斷父母和教職員對兒童虐待的認識〉一文，針對保育教師進行的問卷調查結果顯示，幼兒園裡發生兒童虐待的原因，依序是嬰幼兒的特性（31.8%）、一名保育教師要照顧多名嬰兒（31.2%）、保育教師對兒童虐待的認識不足（18.6%）、保育教師業務過重（13.6%）、保育教師的待遇低（2.2%）。大部分的保育教師認為，是兒童本身的問題導致虐待。當然，幼兒園中會有脾氣大、愛哭鬧，讓老師特別辛苦的孩子。我的孩子偶爾也會讓我覺得很辛苦，每當這種時候我總會想起和父母相比，保育老師和孩子在一起的時間更多，他們應該更累。我們需要優先檢視的是，應該如何面對不合作、哭鬧的孩子，照顧孩子的大人如何才能明智地處理，如何幫助身陷育兒困境的父母，以及需要補強的保育老師環境和政策是什麼。比起強力的處罰，這些問題更應該深入思考。法律制裁固然也很重要，只是再嚴格的處罰也無法挽回已逝的孩子。如果優先修正這些問題，努力減少兒童虐待，或許就能夠不再發生憾事。我們現在應該將視線看向真正的問題所在，必須去除病灶才能阻止問題繼續蔓延。

本節所指的「消逝」並不是指單純的「消失」，而是具有「形體或現象等逐漸模糊，最終消失」、「火勢減弱而熄滅」的含意。所謂兒童虐待，會因為犯錯的大人、錯誤的政策和社會問題，而讓原本像太陽一樣明亮和美麗的孩子，背負著痛苦逐漸消逝。也讓「孩子是未來」這句話日漸黯淡無光。

兒童福利法（2021年6月30日施行）**［第17784號法，2020年12月29日部分修正］**

第1章總則

第1條（宗旨）為促進兒童健康出生，幸福且安全成長，保障兒童權益，特制定本法。

這是兒童福利法第1章第1條的內容。此法條的宗旨是盡力讓兒童幸福且安全地成長，因此必須保障兒童的權益。兒童權益在哪裡、又為什麼有必要？誰才能夠給予？現在你我必須同心合力，親自尋找答案。這是可以從「我」開始做起的事，無論是身為父母的「我」、培養幼兒的保育老師的「我」，應立即改正的事情是什麼，應該用什麼心態對待孩子，接下來需要學習什麼，別再拖延，應該馬上開始實踐。

05 預防勝於懲罰——社會必須包容的虐待加害者

「法律不是為了處罰人民而存在，可以毫無依據就處罰人民嗎？冤情可能會就此發生……因此為了無法隨意處罰人民，建立了處罰標準……這就是法律。」
——電影《菜鳥陪審團》中審判長（文素利飾演）的台詞。

某次寒流來襲的那天，發生了一起4歲大的女童穿著內衣在街頭被發現的事件。當天孩子鬧脾氣說不想去幼兒園，上班快遲到的媽媽無奈之下將孩子獨自留在家裡出門上班，被依懲治虐待兒童法移送審判。事件中的母親是獨自撫養女兒，領取最低生活保障補助的單親家長，除了自己沒有人可以顧孩子，也沒人能提供任何幫助，只好將孩子留在家裡出門上班。媽媽上班之後為了知道孩子是不是好好的，總共打了37通電話回家，持續確認孩子的狀況，但最後還是逃不過法律制裁。這起事件和其他的兒童虐待事件不同，以兒童虐待來處罰多少有些不公平。獨自負擔生計的媽媽，無可奈何之下讓孩子獨自待在家裡，似乎也有苦衷。這名媽媽甚至為了增加和孩子共處的時間，曾經詢問有關部門是否能將全天的以工代賑改為半天。從37次的通話紀錄可以看出，對於把孩子留在家中，她也非常擔心和不安。

現行法律規定，獨自撫養孩子的年輕父母，想要領取最低生活保障補助，附帶條件是具有工作能力，若是不工作的話就無法保有領取資格，因此上述這名媽媽現實上不可能辭掉工作。同時負擔育兒和生計的單親家庭父母，孩子出了任何事都無法立刻從工作場所趕去，在這樣不可以、那樣也不行的狀況之下，只能著急地跺腳。若是沒有人可以幫忙照顧孩子，似乎只能一再重演違反法律規定，留孩子獨自一人在家。

世界衛生組織（WHO）明確區分兒童虐待的四種類型：身體虐待、情緒／心理虐待、疏忽和性虐待。其中的疏忽是指父母或對於兒童有責任的其他人，未能提供兒童的健康、安全及權益等所需要的飲食、衣著、住所、醫療和監護等，且程度足以造成違害（參考維基百科）。疏忽和放任明顯是兒童虐待，然而，以兒童虐待來處罰前述的單親媽媽，真的是解決方案嗎？預防應該優先於懲罰，他們是「社會必須包容的加害者」，是「社會未能照顧到的受害者」。兒童保護專家一致認為讓孩子「短暫」獨自在家也應該被視為疏忽。好鄰居兒童權益事業本部長金貞美（音譯）指出，「雖然讓孩子獨自在家是韓國社會常見的事，但事實上就是疏忽」，「對嬰幼兒尤其危險，應該有明確的法律規範並加以制裁」，以及「然而，對於不得不讓孩子獨自在家的雙薪夫婦或單親家長等，應該要提供充分的保母服務等社會保障體制」。

網路上曾經有一則販售36週大嬰兒的訊息。上傳訊息的是獨自生下小孩的未婚媽媽，她在未婚媽媽庇護所生下孩子後，入住公共產後護理中心。她說孩子沒有爸爸，養育上有經濟困難，想把孩子出養給別人，因此感到很大的精神壓力。若是要拋棄親權，必須先做出生登記，然後在相關機構進行充分的面談，並且經過7天的熟慮期之後，才有可能完成出養。這樣的設計是讓生下孩子的未婚媽媽對於出養的決定更深思熟慮，但是無法從父母或身邊的人得到任何幫助的未婚媽媽，又處於產後調理無法親自報出生的情況，這些困境再再造成心理負擔。未婚媽媽會因為家人強烈要求墮胎、不准許生下孩子而無法得到身邊親友的幫助，或者根本不知道懷孕的事實，面對突然降臨的孩子而感受到更大的心理衝擊。若是能事先做好生產準備可能會比較容易，但是在沒有認知的情況下突然生下孩子，必然對生活中的變化感到不安。此外，考慮到產後調理等經濟負擔，7天的熟慮時間對她們來說可能只帶來痛苦。未婚媽媽雖然可以向孩子的生父請求養育費，但為了得到養育費必須做親子鑑定，亦即透過ＤＮＡ檢查來確認親子關係，得在對方同意下才有可能進行。若是無法和對方連絡的情況，請求養育費自然有現實上的困難。

兒童福利法第17條（禁止行為）之1

任何人都不得有下列各項行為〈修正2014.01.28.〉

1 販賣兒童的行為

2 誘使兒童做出淫亂行為，或是媒合兒童，以及性騷擾等，讓兒童感到性羞恥等性虐待行為

3 造成兒童身體傷害，或者對兒童身體健康與發育造成危害的身體虐待行為

4 刪除〈2014.01.28.〉

5 對兒童精神健康與發展造成危害的精神虐待行為

6 遺棄自己應該保護與監督的兒童，或對其基本的保護、養育、治療和教育等衣食住有疏忽與放任的行為

7 將具有障礙的兒童供大眾觀覽的行為

8 教唆兒童行乞或者利用兒童行乞的行為

9 以娛樂大眾及營利為目的教唆兒童做出有害健康及安全的表演行為，以及因此將兒童轉讓給第三人的行為

10 除了適當的媒合主管機關之外，媒合兒童養育並取得錢財，或要求錢財及約定的行為

11 將專門為兒童捐贈或發給的金錢用於其他用途的行為

前述的未婚媽媽因為涉嫌販賣兒童而遭受警方調查。韓國兒童福利法第71條明定，任何人販賣兒童或迫使賣淫等行為判處10年以下徒刑與罰款。法律的準則是為了不處罰，只不過是電影中的台詞吧。相較於法律制裁，更優先的應該是找出解決辦法與事前預防。

「我很害怕……」將剛出生的新生兒丟在廁所垃圾桶的20歲未婚媽媽。

嬰幼兒遺棄事件正逐日增加，保護生產制度（譯註：其理念是維護生母與新生兒健康和福利，生母可以匿名生產，或者合法棄養新生兒，且不追究任何法律責任。其他已施行類似制度的國家，稱之為匿名分娩、祕密生產等。）這種比較具體的解決方案看來有其必要。韓國在2010到2019年間，共有1272名嬰幼兒遭到遺棄，當買賣兒童事件成為討論話題，女性家庭部（譯註：成立於2001年1月，屬中央

行政機關，首長為女性家庭部部長，同時被委任為國務委員）和保健福祉部曾經提出將推行「未婚媽媽等單親家庭支援政策」，並且導入保護生產制度；不過因為收養特例法中規定，在出養孩子前必須先完成出生登記，據說仍在討論是否導入保護生產制度。然而，非自願懷孕的產婦擔心個人資料曝光，通常會選擇遺棄而非出養，因此導致上述的遺棄事件。保護生產法已在保健福祉委員會第1法案審查小組列入議程，目前仍在討論之中；然而這個制度的疑慮是，可能助長產婦放棄養育或遺棄嬰兒，以及如果沒有親生父母的同意，孩子成年之後也無法獲知自己的親生父母身分。此外，從法案內容來看，保護生產制度下出生的孩子，成年之後必須在親生父母同意下才能看出生證明書，這一點讓韓國未婚媽媽家庭協會、國內領養人團體等10個組織召開記者會，促請撤銷保護生產特別法。

德國實行匿名生產制，並有完善的未婚媽媽福利制度，引入未婚媽媽生產制度後，全德國共有1800處機構由社會工作師、婦產科醫師等給予產婦援助。韓國並沒有與德國同樣水準的福利制度，保護生產制必然會衍生其他問題。媒體廣泛報導之後引起民眾不滿的事件一旦成為熱門話題，國會就會突然修改法案和政策，但這種突如其來的立法可能會造成其他傷害。因此，比起草率立法，應該集中精力檢視社會中真正的問題，採納了解問題的人士與專家的建議，制定有效的指導方針。將重點放在現實需求而非一味求快，這樣是否更能守護我們的孩子呢？

「未婚媽媽要是決定生下孩子，就會迎來貧困的國家。」
「猶豫不決的未婚媽媽，政策限制奪去養育孩子的勇氣。」
「社會不理睬的未婚媽媽。」

這些是未婚媽媽相關報導的標題，一針見血地指出未婚媽媽的現實困境。前面所提到的兒童疏忽、兒童販賣事件都是錯誤的行為，然而，我們的社會不追究導致她們陷入困境的狀況，只對身分曝光的她們進行「獵巫」，一味地責難。我認為有必要徹底思考社會和國家層面的援助。虐待事件中最重要的或許不是處罰，而是不讓同樣的事再次發生，因此從各個面向縝密思考犯罪人的立場，推行可以解決問題的對策才是當務之急。

根據韓國統計廳公布的資料，2020年全國單親家庭共有153萬戶，在整體的2092萬家戶中，約占7.3%。1985年統計中單親家庭是59萬戶，到2020年約增加84萬戶。2020年的統計中未婚媽媽有2萬572名、未婚爸爸6673名，但他們或許因為後來結婚，或者子女超過18歲不在統計之列等，所以實際情況難以掌握。

單親家戶、未婚媽媽和未婚爸爸事實上一直在增加，但福利制度仍有許多漏洞。2021年5月10日我參加了一場配合國際家庭日所舉辦的單親家庭討論會，在由實際單親者參與的現行福利改善的討論環節中，一位單親家長指出：「單親家庭離開保護機構之後，許多事都必須獨自解決，政府有必要提供環境上的支援。」另一位單親家長則指出：「離開機構後，現實上要找住的地方就有困難，根據收入可領取的補助，大部分的單親家庭都處於灰色地帶，很難順利申請。政府對多元文化家庭的援助似乎很好，對單親家庭的實質補助卻很差。」當天參與討論的首爾愛蘭院院長姜英實（音譯）指出：「近來社會上對於多元文化家庭的關心和支援持續增加；另一方面，懷孕、生產或早期養育的環境和狀態雖然也變得多樣化，但是相對來說關心和支援仍不足夠」、「應該要有符合趨勢改變的法律和制度」、「法條修正時有必要納入單親家庭的問題，此外，必須大幅增加單親家庭能寄託孩子的中心」。實際面臨問題的家長與專家們，眾口同聲指出在制定法律之前，有必要先改善現有的問題與制度。

與其用護欄擋住所有可通行的路，警告「超過的話就處罰」，不如另闢其他的通道，確保能夠通行之後，再談如何進行處罰。社會若能包容這一類的虐待加害者，目前新聞報導中仍然層出不窮的兒童虐待事件，或許就能夠逐漸消失吧？

06
兒童虐待不能再繼續傳承

「鄭仁事件」發生一年之後，虐待事件仍然持續發生。京畿道烏山市一名20多歲的產婦將剛出生的孩子遺棄在衣服回收箱致死，還有虐待同居女友5歲的兒子造成腦出血而陷入昏迷，甚至是性侵20個月大的繼女並虐待致死，虐待手法變得越來越殘忍。各個地方仍然持續且不間斷地發生虐待事件，讓人為這些孩子感到悲痛和憤怒。兒童虐待成為社會所關心的重大議題，雖然讓許多人受到譴責與處罰，但加害者的錯誤行為至今仍然沒有停止。他們難道不害怕嗎？難道是下決心不管遭受何種處罰都要做嗎？即使因此受到的處罰會奪走自己的人生也無法停止，非做不可嗎？到底為什麼要對沒有力量又柔弱的孩子施暴呢？

根據韓國統計廳《兒童虐待的發生變化與特性報告書》，調查結果顯示兒童虐待發生的原因包括個人和家庭特性、社會經濟問題等多種因素，其中養育態度和管教問題占53．3％最多，酒精問題和兒童時期有受虐經驗等個人特性占21．6％居次，接著是養育負擔和壓力、夫妻問題、經濟問題等。統計資料也顯示，最常引起虐待的養育態度和管教問題，應該藉由國家層級的教育來改善全國民眾的認知，這一點必須正視。

另一個需要關注的問題是童年時期的受虐經驗。保健福祉部的全國兒童虐待現況報告書中指出，1萬多名兒童虐待加害者中有536名在童年時期曾是虐待受害者，也就是大約每100名中有5名傳承了虐待行為。分析受害兒童的特性，最常見的是暴力和攻擊行為，反抗、衝動、說謊、賭博等適應問題和行為問題，約占整體的40％。此外，國際動物保護團體POPOS曾經調查動物虐待和人類暴力之間的關係，結果顯示有80％接受兒童虐待治療的人曾經虐待動物。從虐待行為者的心理來看，這些加害者深知虐待的創傷，親身經歷過虐待的殘忍，卻仍然將成長過程中所學習到的暴力加諸在其他人身上。兒童虐待的受害者在成長過程中學習到的問題解決方式，是用物理的力量來壓制，他們接受並依樣模仿，代代相傳的結果就是無止境的虐待事件，就像樂譜中的反覆記號，永不結束。

許多專家指出，兒童時期會從養育者身上學習，在虐待中長大的孩子，長大後會無意識且毫不猶豫地對比自己弱勢的人施加虐待。父母在育兒時發現孩子不如想像中的美好，不知不覺就想打造理想中的孩子，以管教之名施加虐待。此外，如果在他們的認知中，社會壓力唯有靠身體的力量來解決，就會強化暴力行為。加害者在童年時期所遭受的虐待，終究以暴力來釋放。

友田明美博士曾經以各種證據指出，兒童虐待不只造成心理層次的問題，也會引起兒童腦中分子層級的神經生物反應，導致大腦本質上的病理變化。其同時也警告，兒童虐待會引發類似發展障礙的問題。而最得注意的是世代間的傳承，自己曾經是受害者，最後卻成為兒童虐待加害者的不幸情況。大部分的孩子從養育者身上得到溫暖的愛，成長為自尊自重的大人；而少數孩子卻在成長過程遭受壓迫、認為自己毫無價值，長大成人後欺壓比自己弱勢的人成為日常。我們現在必須做的是幫助他們擺脫過去，以防止這一類的虐待傳承。

過去曾經有很長一段時間，體罰在家裡和學校都是可以接受的管教方式。韓國民法第915條中明定「親權者為了保護或教養，得於必要範圍內懲戒」，此法條延續了60年左右，例如打後背不會被認為是虐待，更有家裡要管教就要打一頓的說法，學校中也接受此種稱為「愛的鞭策」的管教方式。然而，從2021年開始迅速廢止懲戒權，是60年來首見，現在不管有任何理由、或是任何人都不能打孩子，意即連父母也沒有打孩子的權利。法律既然已經改變，民眾的認知也需要改變。

從現在開始，全國民眾都應該同心一意地支持，創造一個敲頭、打背都不允許的社會。或許仍然有許多人，包括父母在內，認為敲頭、打背是出於愛而做的行為，因此認為沒什麼大不了，但是以管教為藉口，推託那種程度的傷害是愛的表現，這種說詞絕對行不通。我認為這樣的藉口是導致虐待更加嚴重的導火線，因為犯下兒童虐待的人一開始的想法都是「這種程度沒關係」，最後卻讓孩子受傷，甚至造成死亡。

有一名媽媽在吐露自己過去的創傷時說，雖然曾遭受虐待，但自己的體內也存在著相同的惡魔。她因為把自己遭受過的虐待，同樣施加在孩子身上而感到非常痛苦，於是到精神科求診接受治療。身為加害者到精神科求診是困難的決定，但她卻做到了。為了回想起過去父母虐待自己的模樣並接受治療，費了很多心力。她接受心理諮商與藥物治療，閱讀兒童虐待相關的書籍，並且參與講座，為了找出解決方法而努力。最後聽到的消息是，她修復了和子女的關係，過著幸福的生活，雖然在傾聽並尊重小孩方面仍需努力，但是當暴力衝動湧現時已經熟知如何平息，一天一天逐漸戰勝自己。母親的身分是畢生的課題，而包含父母在內的所有養育者也都需要持續努力。

沒有父母或養育者是完美的，完美的父母不代表就是好，養育孩子時願意為孩子傾盡全力才是好的父母。養育時若是犯錯，首先要做的是承認自己犯錯的部分，接下來和孩子一起接受治療，為了邁向更好的生活而努力。在指責孩子之前，我們應該先自問，面對仍然稚弱的孩子自己的行為是否過於情緒化。孩子是無辜的，他們只是仍然幼小和不成熟。幼年時期遭受虐待的媽媽和子女，不斷複製相同的模式——必須結束這種世代相傳的惡性循環。想要終止一再發生的惡性循環，唯有承認自己的問題，擁有接受治療的意志，並且努力讓兒童虐待不再傳承下去。除了遭到兒童虐待的受害者，加害者也必須接受專門治療。社會制度應盡全力協助他們接受治療。

不久前一名阿姨用水拷問姪女致死，而其同樣也是家庭暴力的受害者。這起事件再次提醒我們必須對暴力的傳承保持警覺。阿姨在姪女死亡前仍然殘酷拷問，法官在審判庭中提到了暴力傳承的問題，「幼年時期遭受過虐待，自己應該清楚知道不能犯下同樣的罪行」，「身為虐待和殺人罪行的主犯，其行為是導致死亡的決定性因素，責任程度更大」，並且宣判30年徒刑。受害者最後成為加害者，這個加害者又讓某個人受到傷害，而受害的人又成為加害者，不論是30年徒刑，或者任何更嚴厲的懲處，都無法停止這樣的惡性循環。

現在，請先檢視自己的養育方式是否有不適當的地方，若是有不適當的舉止，從坦然承認並接受來跨出第一步。你並不是從一開始就是那樣的人，你也和你所照顧的孩子一樣，曾經是柔弱又可愛的孩子，只不過你的身邊沒有能夠為你治療創傷的人。曾經遭受虐待傷害，並因此留下創傷的你，請從找回健康的治療開始，撫慰並且喚醒受傷的心靈吧。這不是為了孩子，而是為了你自己。

Part 2

經歷過
才知道的事
——兒童虐待受害者的日記

01 我的婆婆是兒童虐待加害者

「濟州島幼兒園兒童虐待受害者10人……園長的孫女也受害。」

這是起全國媒體報導並成為熱門話題的事件。過去只從媒體上所看到的虐待事件，卻成了我們惡夢般的現實。這起事件甚至是發生在我的婆婆所經營的幼兒園，同時身為加害者的家人與受害者的父母，使得我必須從兩個面向來看這件事。再次回憶那一天，對我來說是非常痛苦的創傷，然而不記錄就無法刻下記憶，因此決定鼓起勇氣。

2021年2月15日，一名家長發現孩子的耳朵瘀青，因此向幼兒園要求察看監視器。為了立即察看監視錄影，幼兒園營運長召開緊急事件應變會議，會議中召集孩子的導師詢問狀況，而導師推託沒有虐待行為。第二天，受害孩子的父母再次要求察看監視器，警察也到場調查。濟州特別自治道警察廳要求察看2月15日上午8點30分到下午5點30分之間，幼兒園內部和外部的監視錄影，並進行複製。然而，15日的錄影畫面中並未發現虐待的情形。園長召集導師詢問孩子耳朵瘀青的原因，導師仍然說不知情。當天傍晚，孩子的導師坦承曾經虐待孩子，並且辯解說不知道那是虐待行為。園長和導師一起前往受害孩子的家裡道歉，並且在隔天立即解除導師職務並以辭職處理。在那之後，警察前往幼兒園要求複製室內外全部的監視錄影畫面，但並未順利進行。因此，在警察廳要求配合調查之前，園方便將所有機器設備送交警察廳，監視影像到目前仍妥善保存。在警方要求下，園方交出2名負責老師的個人資料，調查工作持續進行。

一星期後的2月25日，園方收到追加2名老師個人資料的要求，園方召開營運小組會議，會議中討論將涉嫌的老師和孩子分開，向第一個受虐孩子的媽媽傳達心意，以及向律師諮詢相關的個人資料保護與園方主動應對措施等。當天新出現的2名嫌疑老師立刻被解除職務。一週後的3月3日，幼兒園向警察廳提交新增受害孩子的入園紀錄。另外又發現一名老師的虐待行為，並立即解除其職務，同時召開緊急事件應變會議。

我得知有虐待情形的日期是2月25日，為幼兒園兒童虐待事件發生的10天後。即使是學童的父母，我們仍然遲遲才獲知消息。丈夫追問擔任園長的婆婆「為什麼沒有早點告訴我們？」得到的回答只是案件正在調查中，還不確定情況，可能會因此影響調查，以及虐待事件是逐漸揭露的狀況，傳達上有困難。我們收到前往警察局確認女兒是否遭到虐待的通知，在警察局確認過監視錄影畫面，回家之後立即建議公婆通知媒體這起虐待事件並公開道歉。我的想法是這並非能一手遮天的事，雖然可能會影響調查，但更重要的是盡快通知學生家長和媒體，才能避免觸怒孩子的家長。

然而，同一天某個受害孩子的父母就在網路上爆料，公共電視台做了獨家報導，接著全國的媒體都報導了此次的事件。這起在濟州島幼兒園發生的虐待事件，在社會上造成極大衝擊。一開始只知道是幼兒園發生虐待事件，但濟州島網路論壇上的網民編造許多虛假的故事，進行獵巫。我家孩子的照片也被上傳到網路論壇，配上真真假假的故事，我們因此度過非常痛苦的時光。然而，不久之後輿論開始指責給受害者帶來二次傷害的網民，認為他們也是加害者。

在那之後的3月19日，包含園長在內的6名老師被立案調查，3月24日有2名老師被檢方拘留移送。4月19日追加拘留1名經常虐待孩子的老師，到5月21日為止，已有老師9名、園長1名，共10人被移送檢調，受害兒童總共29名。調查從2月開始，一直到5月21日才結束。幼兒園中共有21名員工，包括17名老師和園長，其中有3人被拘留、7人移送檢調。

我的婆婆是幼兒園園長，在接受警方調查的那一天，對於沒有保護多名孩子，以及看見調查報告書提到外孫女曾受到兩次的虐待，連親生的孫子和孫女也成了受害者，婆婆當時在衝擊之下意識昏迷送醫。此外，也在這問幼兒園裡當老師、懷孕中的小姑因為有早產風險而被送到急診室。最後是由我的丈夫整理幼兒園，讓虐待事件之後仍然續留的40多名孩子順利轉學，並且進行關園工作。

虐待發生後有幾名受害家長要求看監視錄影，園方一開始都會立刻提供，但是有一名受害家長將沒有加馬賽克處理的錄影畫面在社群媒體中流傳，引發了其他問題。因此園方決定暫停提供，制定查閱辦法並取得法律建議後，才給予查閱。那些紀錄和監視錄影至今仍完整保存。

婆婆說若不是第一個通報的孩子家長，她也不會知道這件事，孩子們則會繼續受苦。「真的無法理解老師們為什麼會做出這麼可怕的事，雖然很遺憾但還好有那位家長讓我們發現，才能夠阻止更多的虐待情形發生」，她感到非常抱歉，也自認沒有臉面對我這個媳婦，哭了好一陣子。婆婆身為園長，向來重視保育教師的人權，並且給予完全的信任，誤以為所有老師都充滿使命感，因此而怨恨自己。她心痛地感嘆，如今具有使命感的老師越來越難找，不能信任老師的時代已經到來。

我的公公是幼兒園交通車的駕駛，小姑是幼兒園的老師，但是誰都不曾懷疑過有虐待的情形。因為是開放式的幼兒園，無論任何時間都可以去拜訪，我和丈夫也經常出入。每次去都見到老師對孩子很親切的開朗樣貌，無從想像會發生虐待事件。我和其他家長一起看監視錄影時，雙手顫抖且憤怒不已。沒有教育素養的老師，毫不猶豫地假借管教之名進行虐待。虐待最常發生在綜合活動時間、最繁忙的早上到園時間，以及午餐時間。錄影畫面也顯示出施虐的老師因為有意識到監視器，屢次觀察周遭情況的舉動。

更讓我驚訝的是，畫面中的老師並非只有虐待孩子的模樣，也有喜愛和疼惜孩子的一面，我飽受衝擊。看到那些把孩子舉高高、擁抱、親吻的模樣，真的不知道該如何理解，感到很困惑。真的如他們所說，那不是虐待而是管教嗎？如同先前提過的，偽裝成管教的虐待最常發生在還不會清楚表達（例如啃咬、打或欺負其他孩子的時候），以及不吃飯和無理取鬧的孩子身上。對於曾經認為那些行為並不能算是虐待、只是管教的人，我想再次提醒：

「管教是教導孩子習慣或熟練的行為，其意義與教育相近。」孩子犯錯或出現問題時，應該保持平常心，以理性和適切的態度告訴孩子哪些行為是錯的、應該如何改進，這樣的教導過程才是管教。然而，在過程中辱罵或者施加身體痛苦等行為，絕對不是管教而是虐待，必須有這樣的認知。

40年來始終走在幼保道路上的婆婆，回想起40年前的往事。親自熬夜準備教具和教材，為了給孩子更好的教育，鋼琴、體育、國字、數學、摺紙、美術等無不努力學習。秉持著保育教師應比小學老師更完美的理念，努力求知只為將所學教導給孩子們。「幼兒園老師無法再受人尊重，只是潛在的犯罪者嗎？」婆婆回想起過去的日子，落下眼淚。也有很多懷抱使命感的優秀老師，但因為虐待事件的影響，優秀的老師也受到傷害。那些僅將教職視為賺錢手段的人，必須反思是否要繼續從事保育教師的工作。在目睹並經歷眾多虐待事件之後，我認為他們應該花時間重新審視自己作為老師的資質，並且重整心態。思考自己的工作定位，以及所做的事會對孩子帶來何種影響，又會造成什麼樣的結果，並且在目標實現時如何才能獲得喜悅，這些或許正是保育教師每天的思考課題。在面對孩子時應該要有何種想法和心態，即使只有一項也好，我認為教師需要樹立這樣的核心理念。

就像拼圖少了一片就無法完成，身為教師的你就是孩子在成長時不可缺少的那片拼圖。真正的教師會意識到自己對待孩子和教育的方式，會為孩子的人生和成長產生很大的影響。希望你能自行判斷，身為一名教師現在有什麼地方必須改變，以及應該維持和加強哪些方面。在孩子成長過程中最重要的這個時刻，你不是孩子的「照顧者」，而是「教師」。

02 孩子發出的受虐訊號

爸爸的背

爸爸的背上
總是有汗水的味道

我生病的時候
奶奶過世的時候
媽媽流著眼淚

但是爸爸沒有哭
只有背上散發汗水的味道

我直到現在才明白
即使有辛苦和悲傷的事
爸爸都在心裡哭
內心的嗚咽化作爸爸背上的汗水
汗水的味道是內心的嗚咽

——詩〈爸爸的背〉，河清鎬

旁觀兒童虐待事件時，只會覺得是令人心痛的事，直到我成為受害兒童的家長，親身經歷之後，似乎才能體會當事人內心的嗚咽。孩子遭到幼兒園老師虐待令我心痛，沒有察覺孩子遭受虐待後所發出的訊號，只是轉身而過，同樣也讓我痛苦不堪。孩子經常哭著糾纏其實是在求助，為什麼我沒有及時發現？只是以為「應該是今天狀況不太好吧」就將孩子送出門，沒有察覺那是他發出的求助訊號，也沒能成為保護孩子的後盾。那時若是稍微側耳傾聽孩子無聲的訊號，也許就不必經歷那些可怕的事了——本節的內容會讓許多受虐兒童家長感到心痛。

2020年12月24日，中午12：35

調查報告書上寫著：「被告人讓受害者金○宇坐在面前的椅子上，一邊訓斥一邊拉掉口罩，以右腳踢了受害者的左小腿1次」。回想起來，虐待發生的那一天是聖誕節前夕。記憶中那一天下了很大的雪，車子無法通行，幼兒園通知將以臨時托育取代原本的綜合活動課程。有許多家長選擇居家照顧，身為職業婦女的我，只能將孩子送去幼兒園，結果卻讓開心的平安夜，成為留下深刻創傷的日子。「我的孩子到底做錯了什麼事？」反覆看事件發生之前的監視畫面，逐步分析當時的情況。當天的綜合活動課程改成臨時托育，因此7歲班的孩子和6歲班的孩子在一起。兒子的許多朋友沒有來，監視畫面中他一個人安靜坐著堆積木。就像平時在家一樣，畫面完整記錄他堆疊、整理積木的模樣。那時不是孩子導師的A老師揮手要他過去，拉了一把椅子指示他坐在面前。這時兒子已經一臉害怕，合攏雙手坐在椅子上。監視錄影雖然沒有聲音，但可以看出老師正在訓斥孩子。接著A老師突然用力扯掉兒子的口罩，他看起來更害怕了。A老師伸出右腳用力踢兒子的左小腿，他於是哭了出來。不對，更正確的說法是屏住呼吸啜泣。

兒子6個月大就到幼兒園托育。我們夫妻倆是經營補習班的忙碌家長，而幼兒園是婆婆經營的，因此很放心地早早送去幼兒園。兒子去了幼兒園之後說，「媽媽，今天我把玩具都讓給朋友玩喔，反正朋友回家之後我就可以盡情玩了」，是如此善良的孩子。雖然有時候會希望兒子更有進取心，但是看到他禮貌又體貼，並且健康地成長，因此感到放心。即使如此，每當送孩子去幼兒園時，還是會擔心他會和其他孩子碰撞而受傷，卻因此忽略了更需要擔心的事。為什麼要那般對待一個善良又有禮貌的孩子？沒來由地將自己安靜堆積木玩的孩子叫過去施暴是為了什麼？仔細回想，平安夜的傍晚兒子曾經對我們發脾氣，他本來不是會易怒的孩子，而我們滿足了他的所有需求，也凝視雙眼聊了好一會兒，兒子卻說「爸爸媽媽都不了解我」，然後嗚咽地哭了起來。然而，孩子始終沒有說出被老師罵的事。畢竟明天還得去幼兒園，孩子或許是擔心說出來會挨更多罵吧。孩子已經因受到虐待而恐懼，又因為這份恐懼默默忍受自己所經歷的可怕暴行。這個部分最讓我感到心痛。輕忽孩子的情緒，認為是他不懂事而無理取鬧，讓我無數次搥胸自責。當時我不明白孩子為什麼覺得父母不了解他的心，如今終於明白了，卻無法倒轉時光，孩子也留下巨大的創傷。

「我親愛的孩子們，媽媽很抱歉沒有察覺到求救訊號，沒有在你們害怕又不安的時刻出手保護。但是，媽媽現在全都知道了，從現在開始會做出改變，努力不讓這樣的事再次發生！也不要再有其他孩子和你們一樣的受到傷害。」

將孩子送到幼兒園的父母，請細心觀察，孩子是否正發出受虐的訊號，即使再怎麼微小都別錯過。

孩子發出的受虐訊號

- 身上有傷痕
- 老師隱瞞孩子受傷，或是無法說明情況
- 傷口能看出所使用的工具
- 對較大的聲響或是其他孩子的哭聲感到害怕
- 壓力所引起的圓形禿
- 出現歇斯底里、強迫等神經精神性反應
- 喜歡上學的孩子突然不願意去
- 突然出現異常行為
- 不想和父母分開，會特別要求被抱

- 藉由玩樂發洩不安
- 發現模仿類似虐待的行為
- 睡覺時間關燈的話感到害怕和不安
- 手臂內側或大腿內側等不容易受傷的部位出現傷口
- 沒有理由的哭泣和發脾氣
- 喜歡吃東西的孩子拒絕進食（暴食或厭食症等飲食障礙）
- 原本開朗的孩子變得沒精打彩
- 突然出現暴力傾向
- 突然變得畏縮與做出偏激的行為
- 身上有不像是意外所造成的瘀青或傷口

這之中若是有懷疑任何一項，或者孩子有異於平常的舉動，都應該對這些微小的訊號做出反應，或至少要先留意觀察。偶爾和孩子玩幼兒園老師、學童的角色扮演，也能夠大致推論幼兒園裡的情況。兒童虐待給孩子留下的是跟隨一輩子的創傷，還會留下傷痕，早日察覺並且解決問題非常重要。

據說孩子即使在會說話的6～7歲年紀，也不會訴說在幼兒園裡受到虐待的情況。一名受害兒童的家長表示，孩子被老師打屁股和掐身體，老師卻用「因為媽媽會難過」要孩子不能說出來。此外，孩子也有可能因為害怕施虐的老師，擔心受到更大的傷害而沉默。然而，在沒有具體的懷疑情況下，盲目地向警方通報，有可能讓其他孩子感到困惑，也有可能因為誣告罪或妨礙業務罪受到處罰。還有，通報兒童虐待並不適用「反意思不罰罪」（譯註：指受害者進行不希望處罰的意思表示或撤回希望處罰意思表示時，不得提起公訴；如果已經進行起訴，由法院宣告公訴駁回的判決），即使後續發生不希望加害者受處罰的狀況，也無法撤銷，因此必須慎重地檢視可疑的虐待情況。

採納嬰幼兒所說的話為證詞在韓國並不多見，原因是認為不能光憑孩子的話作為證據。因此當懷疑幼兒園裡發生兒童虐待時，最重要的是取得監視器錄影。與其盲目地懷疑，不如以再次求證為目的，仔細察看孩子的身體，也有必要注意孩子是否有前述所列出的類似狀況。若是有異樣的變化，即使只是一點點，都應毫不遲疑地去幼兒園和導師、園長等一起討論。「孩子出現了和平常不一樣的異常行為，想了解其中的原因，可以讓我看看監視器的錄影嗎？」可以這樣要求並且務必取得錄影資料。

嬰幼兒保育法第15條第4款第1項

明確規範：「設立和經營幼兒園的人士為了防止兒童虐待以及確保幼兒和幼兒園的安全，必須安裝並管理閉路電視系統。此外，2021年4月公共和私營領域錄影資訊處理機器裝設管理指南修正後，在懷疑有兒童虐待等情況下，可以查閱幼兒園的監視錄影。」

當然，這不是說要無條件地懷疑老師，而是更細心地留意孩子所發出的訊號，若是有可疑的虐待情況務必核實確認。虐待持續的時間越長，孩子會被傷得越深。另外，家長光是懷疑老師虐待而毫無準備，直接詢問「您打我的孩子了嗎？」絕對不會有任何老師回答「是的，我虐待孩子了」。即使虐待情況明確，他們也會否認是虐待，並且主張是管教。我要再次強調，身為有義務保護孩子的父母，必須看出孩子微弱的訊號並給予保護。

夜間將駱駝綁在樹旁
到了白天便把繩子鬆開
即使如此駱駝也不會逃走
因為還記得被綁著的昨晚

一如我們記得昔日的傷痛
過去的傷痛絆住了我們現在的腳步
——SBS連續劇《沒關係是愛情啊》

兒童虐待受害者所受到的影響，甚至可能會持續一生，難以復原。恢復正常需要很長的時間和治療，或許也沒有能完全治癒的方法。因此，務必讓這樣的傷害不再發生，對於已經發生的虐待，應該密切留意任何微弱的訊號，防止孩子的創傷加深，並且積極地確認狀況。兒童虐待最大的難處在於不容易顯露於外在。輕度的身體虐待不會留下明顯的痕跡，因此不容易發現，但是外部沒有傷痕的心理創傷會隨著時間過去而加深。孩子們太過幼小又柔弱，沒有能力自我保護，在有人發現他們的求救訊號、終止虐待之前只能無助地承受。為了那些仍然在等待有人伸出援手終止虐待的孩子們，我們務必盡量確認，不能輕易忽略那些微弱的訊號。

03 為什麼即使有監視錄影，幼兒園的虐待仍然持續發生？

韓國為了防止屢屢發生的幼兒園虐待事件，2015年初提出的嬰幼兒保育法修正案，讓幼兒園中裝設監視錄影設備成為義務。修正案原本被預期能夠順利通過，但僅得到83張贊成票，未達出席人數171名過半數應有的86票；其中反對42票、棄權更多達46票。此外，未參與投票的124名議員形同否決，引起許多養育者的不滿。朝野協商下達成共識、保健福祉委員會全票通過的法案卻不受支持，引發「幼兒園和國會議員一丘之貉」之說，以及幼兒園裝設監視錄影設備的爭議。之後經過從2015年9月19日到12月18日3個月的緩衝期，嬰幼兒保育法修正案得以實施，規定未設監視錄影設備的幼兒園處300萬韓元罰鍰，這項法案一直施行至今。

為什麼一開始有許多國會議員反對裝設監視錄影設備，或者沒有參與表決呢？又為什麼即使有監視錄影，幼兒園的虐待事件仍然不斷地發生呢？

法案提議初期，曾經有若是利用網路即時傳送畫面，養育者就可以藉由智慧手機隨時看到孩子，提出「網路攝影機」的討論。然而，這麼一來保育教師和幼兒的生活都有極高的曝光風險，幼兒園裡的影像可能在毫無防備之下遭濫用於犯罪，會有發生危險的可能，因此引起一番爭論。由於個人資訊一旦以電子數位方式流出，散布的速度會非常快，也很難徹底刪除，因此讓養育者可以看得到的「網路攝影機」條款，在立法院會前召開的司法及法制委員會的審議過程中即被刪除。到目前為止，每當發兒童虐待事件時，都有許多網民提出應全國裝設「網路攝影機」。只是即時顯示的影像不僅暴露嬰幼兒的發育和成長，還可能涉及侵害隱私的問題。再加上其他人可以隨時觀看保育教師工作的模樣，也存在基本人權侵害的問題，最重要的是幼兒園生活可能在全世界傳播，如此一來不只是保育教師，孩子的影像和個人隱私資訊若不當外流，並且遭濫用於犯罪的話，可能造成更大的傷害。

因此，根據2021年保健福祉部幼兒園監視錄影設備裝設／管理操作指南中，可以選擇設置「閉路攝影機」和「網路攝影機」，但「網路攝影機」必須取得監護人和全體幼保教育員的書面同意書才能裝設。「網路攝影機」的書面同意書有效期1年，每年都需要重新取得同意。此外，只有裝設者和管理者才能透過有線／無線網路，在任何地方進行資料收集與儲存。「閉路攝影機」則是在事先徵詢，安裝符合影像資訊處理設備的性能標準，儲存60日以上、高解析度、固定方向持續錄影，就可以在沒有繁瑣的書面同意書情況下安裝，因此成為多數幼兒園的選擇。然而，幼兒園若是不打算裝設／管理監視錄影設備，取得全體監護人的書面不同意書，就可以不裝設，因此到目前為止家庭式等幼兒園沒有裝設監視錄影設備的情況仍然很多。

發生虐待事件的婆家幼兒園規模較大，在政府要求裝設監視錄影設備之前，早在2012年就已設置，算是當時為了兒童安全第一個裝設的幼兒園。甚至到2015年之前，幼兒園教務室的監視錄影都是開放的，任何人都可以監看，只要走進教務室就能看到所有監視畫面。一直到保健福祉部發布監視錄影設備裝設／管理操作指南之後，才改為只有裝設者和管理者能夠監看。婆家幼兒園裡約有20台監視器，身為園長的婆婆，以及負責管理監視器的保育教師小姑，在虐待事件發生後登錄監視系統取得紀錄，並且交出作為證據資料，然而我對此也產生疑問。發生了300多起的虐待，為何從來不曾發現？甚至小姑自己的女兒也從同僚老師那裡受到50多次的虐待，為什麼從來沒有察覺到呢？

「幼兒園園長對監視錄影設備裝設／管理等相關事項定期檢查，若是發現異常必須立即進行必要措施」。剛開始我也對監視錄影管理這個部分難以理解，於是開始逐一檢視。市政府那裡也有檢查紀錄，我曾經和兒童保護主管機關的專家一起去確認監視錄影畫面，當時並沒有從畫面中發現虐待，幼兒園過去的評價也是A等。我和婆婆一起出席市政府舉辦的聽證會時，也曾怨嘆市政府的負責官員當時為什麼沒有發現問題。我家孩子的受虐影像我看了無數次。我的結論是，大約有20台監視器同時運作，即使只針對某一台螢幕進行即時監看，除非對畫面進行放大和追蹤，否則很難發現異常的虐待行為。即使我一一看過20多台的監視器，已經意識到虐待發生的場景，但是在察看其他監視畫面時仍然會錯過，這顯示了就算進行即時監看，要發現虐待行為也不容易。我也認為徒然加重園長和監視錄影設備管理者的負擔，卻沒有人力進行即時監看的話，也無法透過此方式發現虐待行為。那麼，幼兒園中的監視錄影設備，對於兒童虐待犯罪到底有沒有預防效果？

為了預防兒童虐待等嬰幼兒安全與幼兒園的保全，幼兒園必須裝設／管理監視錄影設備，亦即保護幼兒園內的嬰幼兒與幼保教職員、預防安全事故、園中設施的安全與管理、預防犯罪、確保證據等而進行裝設／管理（嬰幼兒保育法第15條與第15條第4款「幼兒園監視錄影設備裝設／管理指南」，保健福祉部2015年）。然而，目前的監視錄影不是預防兒童虐待的利器，只是虐待發生之後作為證據使用，算是事後處理的工具，因此單純在幼兒園內裝設監視錄影設備並無法預防虐待犯罪。為了預防兒童虐待，應將重點放在有系統地管理監視錄影設備。僅管監視錄影無法成為對策與解決方案，但顯然有存在的必要，因此必須找到改善的方法。園長或擔任管理者的老師若因業務繁重，無法進行即時監看，就應聘請專門的即時監看人員。由專職人員擔任監看錄影畫面的工作，當監視錄影設備發生異常現象時立即報告，執行影像資訊拍攝和取證，以及其他負責人與監視錄影管理者指示的業務事項，才能有效預防兒童虐待。更好的方式是將監看業務委託業者進行，或者安裝智能檢測系統。智能檢測系統在拍攝到異常現象時，搭配自動警示功能的有人系統和無人系統，對於實現有效的管理有其必要。

然而，光靠監視錄影管理無法解決問題。幼兒園監視錄影管理不實時，最高只處150萬韓元罰款。父母懷疑受虐要求看監視錄影時，有的幼兒園會推託機器故障，甚至也發生過虐待事件曝光後，故意損壞監視器的情況，因此即使有監視錄影，蒐集證據也很困難。從幼兒園園長的立場來看，韓國採取證據審判主義，基於沒有證據只要支付罰款即可的想法，毀損可能造成不利的監視影像，以及銷毀證據的情況才會經常發生。但是，故意毀損被揭露的話甚至會觸犯刑事法律，必須接受更重的湮滅證據處罰。

嬰幼兒保育法第54條（罰則）

根據第15條第5款第3項，沒有進行確保安全的措施，造成影像資訊遺失、遭竊、流出、變造、毀損者，處2年以下徒刑與2千萬韓元以下罰鍰。

幼兒園裝設監視錄影設備時，尤其需要確保和考慮的是減少監視錄影的死角，以及防止錄影影像之後遭到刪除。

由於監視錄影除了當事人之外，也會錄到不特定多數人，有個人資訊保護等問題，因此現行法中必須有警察在場才能查閱。監護人對於自己的子女（或者監護的兒童）遭受虐待，或者因安全事故而遭受身體、精神上的損害，產生懷疑而申請查閱監視錄影的情況，在提出醫師診斷書、相關公務員、幼兒園營運長、地區幼兒綜合支援中心主任陪同下，便可以立即閱覽。

相關公務員（中央行政機關、國會、法院、地方自治團體等）為了執行嬰幼兒安全業務的公文書、調查計畫書等證物提出申請的情況：

＊除了保管機構的影像資訊已銷毀，或與執行兒童安全業務無關的情況之外，申請後可以立

即閱覽。

兒童保護主管機關、幼兒園安全保險協會需要調查與處理和幼兒園相關的兒童虐待事件、安全事故，可以透過公函、身分證（如調查員證）提出申請：

＊除了保管機構的影像資訊已銷毀，或申請查閱的內容與該機構的業務無關之外，即時觀看對於犯罪調查、法院進行裁決等實有必要的情況，可以立即閱覽。

以上是幼兒園監視錄影設備裝設／管理操作指南中，在懷疑有虐待的情況下，可以向幼兒園申請查閱監視錄影的規範。幼兒園監視錄影相關的操作指南雖然仍需改善和管理，但是若只集中關注這些問題，恐怕會有越來越多的虐待事件在監視器拍攝不到的死角發生。更重要的應該是擁有具體的問題意識，並且制定從根本上解決問題的對策。

04

他們為什麼成為沉默的共犯？

A老師是幼兒園裡對孩子施暴的慣犯。A老師用力推一名孩子，並且破口大罵。在旁邊目睹的B老師為了保護孩子，把孩子拉到身邊、擁入懷中。施暴的A老師再次抓住B老師懷中孩子的手臂用力拉扯。B老師雖然使勁對抗抱緊孩子，但是仍敵不過A老師的力氣，最後只好放手。B老師可能認為眼不見為淨，從位子上站起來，走到別的地方去。這是我在監視器裡看到令人震驚的畫面。B老師曾經是我第二個孩子的導師，任職時間又比其他老師久，因此我對他的脾氣和個性多少有些了解。他是一位膽子很小、淚腺發達、心腸柔軟的老師，他的模樣至今仍清晰可見。監視器裡錄到了B老師最初看到老師施暴時不安的樣子，但是，隨著日子一天一天過去，他看起來像是沒意識到慣性施暴老師的錯誤行為，感覺上就像被同化了一般，逐漸看著這些場景卻裝作不知道。甚至還看到B老師為了教訓一名咬了女童的男孩，在過程中打了他好幾次巴掌。暴力的程度，讓法官在審判時質問：「這是在教小狗嗎？」並且說訓練小狗也不能那麼做，更別說用打孩子巴掌來教導不能咬人。B老師起初會因為目睹其他老師打孩子的行為而不安，如今卻也加入兒童虐待的行列。

虐待只要沒有被發現就會持續發生，並且像傳染病一樣擴散。B老師若是在覺得不對、心裡感到不安的那一刻，稍微明智一些去告訴園長，或者通報警察、兒童福利機構；若是像當時把受虐的孩子拉到身邊，保護孩子不再受到傷害，就不至於要到法院接受審判。看著B老師在法庭上承認自己的過錯、哭泣的模樣，雖然我對他滿懷怨恨，但心裡也不好過。

為什麼會有像B老師這樣，明知道同事虐待孩子的事實卻縱容的情形？難道是害怕每天都要見面的同事，還是擔心影響往後在業界的工作呢？

「只是通報了兒童虐待……因為憂鬱症而丟了工作。」

幼兒園內部舉報老師的眼淚。

這是某篇報導的標題。報導中的老師因為內部舉報反而被認為是檢舉魔人，視為異類。直接目擊幼兒園中的兒童虐待情況，進行內部舉報是相當困難的選擇，甚至會面臨同事不理不睬，遭到排擠和霸凌的情形。這麼一來，舉報的老師會丟了工作，即使想轉換到其他地方就職，也會因為被貼上愛打小報告的標籤，面臨很難找到工作的處境。一旦被貼了標籤，名聲就會傳遍整個園長和教師圈。有正義感的老師考慮到會招來的損害，最終只能閉上眼睛，假裝不知道。就像這樣，若是缺乏保護內部舉報者的機制，那麼最接近兒童虐待現場、能站出來證實的目擊者就絕對不會出面。

「親身經歷過一遭後，我變成了罪人。我認為我們的社會，絕對不是可以做幼兒園內部舉報的環境。」

這段訪談來自一位曾經揭發兒童虐待問題的老師。韓國雖然有針對內部舉報者的保護法律，也可以向國民權益委員會等單位求助，但是專家指出，要讓內部舉報者得到法律的保護，仍然有很多不足之處。因此，優先改善兒童虐待有通報義務者的保護制度，比檢舉獎勵制度更為重要。

大學裡有開授幼保工作現場中人際關係的重要性，以及如何有效促進人際關係的課程，可見保育教師之間的關係多麼受重視。當然，老師之間的關係良好，會對兒童有正面的影響，但是我們必須要認知到，比同事關係更重要的，是當同事做出虐待行為時應該如何應對的教育。無論是有懷疑或目擊虐待情形都應該立刻通報，此為幼兒園教師的義務。然而，對於沒有通報的老師，不應光是進行懲處或威脅，而是應該考量他們的處境。如果通報之後，自己所遭遇的損害更大的話，自然會猶豫不決。為了避免法律責任而通報，卻有可能就此丟掉工作，或是和其他同事產生嫌隙。對於心懷這類恐懼的老師，強迫他們必須通報是正確的事嗎？儘管如此，我想要誠懇地請求幼兒園老師們，如果在幼兒園裡發現其他老師虐待孩子，拜託絕對不要默許，即使默不出聲也不會有更好的結果，若是知情不報便會像B老師一樣觸法成為犯罪者。當然，這並不是要老師包攬所有的責任，眼前最急迫的仍是改善制度細節並加強教育，越早越好。

那麼，當老師發現兒童虐待時，應該怎麼做呢？在幼兒園裡發現其他老師有虐待行為時，首先要掌握周圍的狀況，找到其他的目擊者。另外，以拍攝虐待場面等方式來確保證據，將有助於調查。兒童虐待經常發生在監視器拍不到的死角，盡可能以手機拍攝。若是施暴老師不理睬，或者否認施暴的事實就有可能脫身，因此確保證據非常重要。保育教師因為有通報義務，所以在發現有兒童虐待嫌疑的情況時必須通報，稍有懷疑務必要通知112（韓國犯罪通報專線）或兒童福利機構。然而，現實狀況中老師可能會感到害怕，或者很難判斷是否為虐待，因此有必要蒐集證據。孩子身上若有打傷的痕跡，可以拍攝這些傷口的照片，以及目擊虐待的影片，如此便能夠成為有力的證據。

得知B老師默許兒童虐待的事情後，我想起了《致命目擊》這部電影的情節。「公寓裡住了那麼多人，卻沒有任何人看到？」

電影中某個社區中庭發生了殺人事件。警察詢問公寓住戶尋找目擊者卻一無所獲。所有人都假裝不知情。男主角是凶殺案的目擊者，他曾和凶手短暫地對視，凶手用手指數算了他居住的樓層。男主角為了保護家人選擇視而不見，即使聽到受害者呼喊「救救我」也沒有回應或伸出援手。電影中有這麼一句話：比起殺人凶手，更可怕的是旁觀者。

有義務通報兒童虐待者

· 有義務通報者在執行職務時，發現或者懷疑有兒童虐待的情況，必須向兒童保護主管機關以及調查機構通報（懲治虐待兒童法第63條第1項第2款、第10條第2項）

· 有義務通報者沒有通報的情況，處500萬韓元以下罰鍰（懲治虐待兒童法第63條第1項第2款、第10條第2項）

根據兒童福利法第26條與施行細則第26條，有義務通報兒童虐待者必須每年接受1小時以上關於兒童虐待預防與通報義務的教育。

不只是有義務通報兒童虐待者，全國民眾都應該接受「有義務通報兒童虐待者教育」。為了達到此目的，加強法律和制度固然重要，但更需要廣泛推廣社會教育，培養人們尊重和保護孩子的意識。

05

掌握黃金期是兒童虐待治療的關鍵

腦中風的症狀有很多種，出現異常的症狀後，腦細胞從周邊的血管取得氧氣和養分，可以支撐一段時間，但這樣的黃金期據知只有3到4個小時。超過3到4個小時，就會造成大腦不可修復的狀態，也無法復原壞死的腦細胞。在婆家幼兒園的虐待事件中，沒能保護向來疼愛的孫子和孫女讓婆婆大受打擊，突然出現口齒不清的症狀。婆婆立即被送到急診室，才得以掌握黃金治療期。雖然被診斷出腦出血和心律不整，但沒有惡化成更糟糕的狀況。人活在世上，任何時刻都可能面臨所謂的黃金期。而在兒童虐待中，最重要的也是治療的黃金期。

用水拷問10歲大的姪女致死的阿姨，不出所料自己也是家庭暴力殺人犯的女兒。將7歲的孩子虐待致死並偷偷埋葬屍體的繼母，幼兒時期曾遭受長期虐待。如果她們曾受到社會關心並接受治療，是否就能避免其他人受害？

孩子遭受虐待傷害的程度日漸嚴重，許多孩子錯過治療的黃金期，或者沒有接受治療而繼續生活。若是沒有確實接受治療，虐待的暴力後遺症就會成為在世代間複製傳承的惡性循環。專家建議不應置之不理，必須優先進行治療。兒童時期遭受的虐待經驗，有很多人即使長大成人仍然持續有後遺症，對於性格也有負面的影響，可能出現反社會的行為。

在婆家幼兒園的兒童虐待事件中，受害兒童也出現了心理不安，以及半夜突然醒來打爸媽，或者大哭大叫等攻擊行為。也有用頭撞地板，躲在角落的情況。我家女兒有段時間一直要我抱、不想分開，顯得很不安，面對其他大人時感到害怕而尖叫，不想和大人待在同一個空間裡，睡覺時也會哭鬧。

類似這樣的兒童虐待受害者錯過治療的話，長大成人之後有很高的比例會出現情緒不穩定、憂鬱症、焦慮症、恐慌症、自我厭惡等症狀，也有不少陷入成癮的情況。隨著社會各界對於兒童虐待代間傳遞的警覺心提高，另外也有研究結果指出，兒童時期遭受虐待，長大後更容易有校園暴力、虐待動物與約會暴力以及犯罪的可能性。讓自己的孩子也傳承虐待行為是最令人擔憂的事情。由於兒童虐待不會止於代間傳遞，也會引發其他犯罪，為了防止這樣的狀況，必須讓遭受虐待的孩子接受專業的心理治療。

最近有一名孩子在幼兒園裡遭到老師的長期虐待後，因為心理創傷而被診斷為重度智能障礙。重度智能障礙是指對照年齡的發育階段，整體的智力和適應能力都有明顯缺陷，日常生活中無法獨立自主的情況，包括溝通交流、社會活動、家庭生活與校園生活等。由此來看，虐待會給孩子留下巨大的後遺症。請切記，在獲知虐待的那一刻就是治療的黃金期。

「心理治療的目標是讓患者從不會玩樂，轉變成會玩樂的狀態。」

「玩的權利」是聯合國兒童權利公約中的規定，對兒童的成長發展來說最重要的部分。遭受虐待的兒童可能在玩樂時過於激烈，或者經常惹麻煩，嚴重的情況是無法集中精神，只顧自己玩鬧到妨礙旁人的程度。遭受過虐待的孩子，連健康玩樂的能力都會喪失。

根據一項「兒童虐待受害兒童的精神疾病發生率調查」，以61名遭受兒童虐待的孩子為調查對象，結果顯示大約半數的兒童患有一種以上的精神疾病。

一名教授在電話中告訴我：「對孩子來說，受害之後的治療和管理比什麼都重要」，以及「必須長時間關注受害兒童，甚至家人一起接受治療和管理也很重要」。

針對兒童虐待後遺症的治療，有遊戲治療、美術治療、恢復自信心等多樣的治療技術，盡力讓受虐的後遺症減到最少，為他們重新找回開朗且健康玩樂的權利。為了達到此目的，必須幫助受虐的孩子接受專業的臨床心理師與治療師的心理治療，重新回到可以健康玩樂的狀態。此外，對於遭受他人虐待的孩子來說，家庭環境是最適合的治療場所，因此必須在機構和家裡都能有適當的治療。

有一名孩子在幼兒園遭受虐待後，直到接受心理治療為止，都出現了與虐待有關的異常後遺症。他和其他小朋友相處狀況不佳，自信心和獨立性都相當低。即使已經到可以控制大小便的年齡，仍然經常失禁。最後是在美術治療和沙遊療法並行之下，才逐漸恢復狀態。特別是自信心和獨立性逐漸提高，並且隨著父母接受養育態度的輔導，孩子在家中也學會表達愛的方式，讓治療可以在家庭延續，社交能力也大幅提升，復原到能夠開朗表達自己想法的程度。透過治療，孩子不再因不安和害怕而發抖。

在獲知孩子受虐待的那一刻就是治療的黃金期，絕對不可以錯過，應該立即透過兒童保護專業機構接受心理檢查。

韓國的兒童保護專業機構是根據兒童福利法第45條1項而設立，在全國範圍內營運，目的是保護兒童免受虐待，促進兒童的權益，讓兒童能在健康的家庭和社會中幸福地成長，落實專業的兒童福利法。

受理兒童虐待的通報、現場調查和緊急安置，設立陳述錄影室為受害兒童進行諮詢和調查，並為受害兒童、受害兒童的家人、兒童虐待行為者提供諮詢、治療和教育。此外，還有執行兒童虐待預防教育和宣導，辦理受害兒童家庭的事後管理和個別案例會議，以及兒童虐待案例專家委員會議等。由於家庭治療對受害兒童至關重要，如果您是受害兒童的養育者，請不要掉以輕心。

我和丈夫在虐待事件發生後有嚴重的後遺症，對於自己的養育態度感到迷惘，深陷沒能保護孩子的罪惡感和不安之中。嘔吐所伴隨的壓力性胃炎開始之後，接著是恐懼、失眠、憂鬱、不安等症狀，被診斷出適應障礙。奇妙的是，孩子們很快就察覺到父母不舒服又痛苦的處境，但這也讓他們的情況更惡化。為了讓孩子們恢復健康，我們必須先接受治療，因此我們夫妻開始接受心理治療。目前雖然仍有許多方面需要治療，但是和一開始的心理狀態相比已經好轉許多，孩子們也逐漸恢復。在兒童虐待治療中，最重要且優先的是養育者接受治療。

針對兒童設計的治療服務包括心理檢查、遊戲治療、美術治療、團體諮商等，針對家庭設計的治療服務包括密集家庭維護服務、夫妻和家庭諮商、個別諮商、酒精和藥物濫用的諮商與支援服務。透過夫妻諮商、酒精和藥物濫用的諮商能找出可能的虐待原因，有助於治療。

回顧我家的情況，得知孩子受虐之後的痛苦，以及身為加害者家人必須承受的衝擊都太過沉重，一度感到很難熬。我曾經大聲喊叫「救救我」、大哭和坐著發呆，也有過偏激的念頭。當媽媽的我都這麼難受了，那受害的孩子們該有多痛苦呢？

有一天，兒子小心翼翼地叫我過去，關上房門後在我耳邊講悄悄話。「媽媽，其實幼兒園裡的老師們說爺爺、奶奶太常到2樓了，所以打我。這是祕密，不能跟別人說。」如此令人心碎的一番話，我也因為現在才得知而心痛不已。

女兒在虐待事件之後也出現了異常行為。無理取鬧、經常發脾氣、模仿丟東西罵人的模樣。我們必須盡快帶孩子尋求兒童保護專業機構的幫助。

一開始進行了家長的心理檢查和面談，接著藉由沙遊療法檢查孩子的心理狀態。

心理治療師問到虐待發生的狀況，孩子回答說：「幼兒園裡的老師們說，因為我的關係，爺爺、奶奶更常到2樓來，所以被罵和挨打了。如果把被罵的事說出來，爸爸、媽媽可能會傷心，所以沒有說。我有在電視上看到妹妹被打的樣子，我的心好像被撕碎了。」

心理治療師問：「那麼，賢宇難過的時候怎麼辦呢？」孩子說出內心的感受：「要讓自己冷靜下來，趕快冷靜下來就沒事了。爸爸、媽媽難過的話，我會更傷心。」

心理治療師對於兒子「我的心好像被撕碎」的表現說法很吃驚，我則是因為兒子說「冷靜下來就沒事了」感到心痛。治療師說檢查進行中也會呈現父母所受到的傷害，但是我們家庭的資源充足，正在逐漸克服並且變得堅強。幼兒園的兒童虐待事件中，最重要的還是父母的行動。父母要幫助孩子消除受虐經驗，讓孩子再次感受到世界上充滿溫暖，孩子們才有可能自我痊癒。然而，更好的做法是父母和孩子都在專業機構中接受長期的心理治療。

事件發生之後，我經常向在大田擔任心理諮商所園長，一位心理學博士的朋友求助。我描述了當前的狀況以及希望接受治療，他的忠告是與其治癒孩子，不如父母先接受治療，因為在痊癒的過程中，父母對待孩子的行為更為關鍵。

孩子的適應力佳，當他們重新回到正向的新環境中，就會忘掉舊的傷痛，但父母若是重提問題，孩子也會再次想起創傷回憶。因此不如傳達真摯的心意，「你是珍貴的孩子，謝謝你即使痛苦也努力堅持著，你是我們最珍貴的孩子」，光是這些話就能夠成為孩子最好的治療藥方。「由於孩子們的復原能力好，雖然遭受虐待，但若是能夠給予及時、充分的治療，孩子可以忘掉創傷，走出那些可怕的經歷，重新回到可以開心去幼兒園的狀態。」這番話讓我放下心中的大石。

聽了這些建議之後，我認為當務之急是盡快接受徹底的治療。

6～7歲的孩子已經能夠說話，為什麼受到虐待卻不說呢？朋友說這個問題必須從各個角度來思考。

他謹慎地指出，片面的逃避、壓抑、防衛、自我合理化，孩子的個性、心理因素等，各種原因都有可能，也有可能是父母的問題所致。逃避是指孩子會說：「不知道啊，其他孩子也被打了，我也不知道」，以此迴避事實。壓抑是因為情況太可怕，無意識地隱藏受虐的創傷，所以什麼都不說。自我合理化則是「因為我做錯了所以才挨打，做了該打的事所以必須挨打」，為發生的情況下合理的解釋。此外，也有可能是孩子知道父母的處境，自己終究得去幼兒園，即使說出來也不會讓父母比較輕鬆，因此乾脆不說。

他說類似的各種問題，最重要的還是養育者要能察覺到孩子細微的行為變化和語言表達。他也鼓勵我，任何人都會做錯事，只要從錯誤中省思，孩子和父母都能成長。世界上沒有完美的育兒環境，受害父母們最該做的事情是，即使遭遇失敗也要努力尋找能夠快速恢復健康的方法，從受虐的傷害中走出來。

心中的傷痕肉眼看不見，但是如果不治癒而放置，日後想起時會是更痛的創傷。為了不讓彼此痛苦，我們前往心理治療中心，同時進行夫妻治療和兒童治療。最重要的是，透過專業的諮商，我們已經能夠克服衝動性的想法，一度動搖的養育態度也正在恢復。雖然我們夫妻和孩子們還無法完全忘記當時的記憶，但是正努力藉由專業的治療諮商來創造更美好的回憶。我也努力教導孩子們，無論是什麼理由都不允許使用暴力。在專業機構中接受治療，可以詳細了解個人的特性和根本原因，讓後遺症降到最少。此外，還可以治療心裡隱藏的傷痛，以確保創傷不會在日後留下後遺症。

為了讓受虐孩子心中的光芒不會熄滅，必須同時進行專業機構以及家庭中愛的治療。

我們家族第一次遭遇這種情況，所以錯過了治療的最佳時機，並且不知道該如何解決問題，因此度過了相當長的痛苦時期。我們希望所有的受害者不要以「會沒事的」而迴避治療，一定要尋求專業人士的幫助，不要留下兒童虐待的後遺症。發現兒童虐待時，千萬別錯過黃金治療期。

06

兒童虐待事件中的另一種犯罪者

「記者獲得的監視錄影顯示，A老師用拳頭多次推打3歲幼兒的額頭，並且用手拉扯孩子。受害幼兒哭了出來，這個孩子是幼兒園園長的孫女。」

「受害者是我的小孩。」

由於媒體對我們家的二次傷害過於嚴重，我們對冤屈的處境發出呼籲信。幼兒園虐待事件發生後，地方上的網路論壇中湧現批評我家的文章，我個人的社群媒體中也出現「拿出婆婆的清白證明」、「接受懲罰」等，無數的惡意言論。我也是受害兒童的父母，瞬間卻變成罪犯，這種不公平的情況讓我感到很委屈。更糟糕的是，我的社群媒體資料被截圖並在社群中散播，稱我們是犯罪家族，擅自上傳我兒子和女兒的照片，甚至展開肉搜。毫無根據的謠言引起嚴重的獵巫，也有文章針對丈夫的身體部位進行辱罵。這些人甚至都不認識我們。事件剛發生時，「獵巫」讓我覺得自己像是罪人，想要躲起來，甚至曾經有過拋下孩子的偏激想法。光是要承受遭到兒童虐待的事實，就已經令人難過和痛苦，這又是什麼樣的橫禍呢？那些人根本不了解事件的真相，卻蜂擁在網路上以標題式文字，憑猜測編造出不實的故事，讓我的家庭遭受到更大的傷害。兒子連小學開學都沒辦法去，一家人就好像被困在黑暗中，時間從此停滯不前。

全國各地的新聞連日報導孩子們就讀的幼兒園虐待事件，持續了好幾個月。不斷出現的惡意言論，加深我們精神上的痛苦。媒體沒有求證就報導說我是幼兒園老師等，令人難過的事情接連不斷。那些素不相識的陌生人對我們進行人格攻擊，把虛假的故事寫得像真的到處散布，我們甚至無法反抗，唯有留下嚴重的創傷。我曾經在房間裡翻滾哭泣，有時候呆坐一整天，嚴重嘔吐造成壓力性腸胃炎，只能依賴藥物來緩解，而憂鬱、不安、恐懼、失眠等症狀達到必須到精神科接受適應障礙治療的程度。丈夫流著眼淚鼓勵我：「我們只是受害者，要堅強。如果我們崩潰了，只是讓那些獵巫的人稱心如意，我們必須接受現實，就算為了孩子們也一定要堅持下去。」之前看到名人因為惡意言論而自殺的事件時，我只感到遺憾，無法想像他們度過了多麼艱難的時光。

都說只有親身經歷才能理解，這次的經歷讓我們體認到，兒童虐待事件中的另一種犯罪者已然氾濫。我認為不僅應該加強防治兒童虐待的法律，妨害名譽和侮辱罪相關的法律也應加強。

過去曾經發生過保育教師被懷疑施虐，遭到獵巫之下自殺身亡的悲劇。這件最悲慘的偏激事件，出自金浦市一個以肉搜而聞名的網路媽媽論壇。一名即將結婚的保育教師，在參加秋季旅遊的活動中涉嫌推倒孩子，被懷疑是虐待之後，爬上公寓頂樓跳樓自殺。世宗市一名涉嫌兒童虐待的老師，受到「婚後生的孩子像你一樣○○」等辱罵，甚至遭到暴力對待，最終輕生。這名老師的祖父母不相信猜測，要求察看幼兒園的監視錄影，結果沒有發現兒童虐待的情況，反而看到孩子打老師的畫面。京畿道的東灘地區曾發起「用手指殺人的網路論壇，請保護保育教師」的青瓦台國民請願，媒體也關注了這件事，因為一名園長在網路媽媽論壇被抨擊，不堪負荷之下選擇在車裡結束生命。兒童虐待絕對是不應該發生的犯罪事件，這點無庸置疑，但是為了防止更多人因為惡意言論而受到傷害，以及因此喪命的憾事，迫切需要制定處罰方案。

婆家幼兒園事件爆發後，我試圖聯繫濟州島的多個網路媽媽論壇。身為撫養兩個孩子的媽媽，我因為獵巫和肉搜而疲憊不堪。20多歲的老師自然該為罪行接受應有的處罰，但是不應該做毫無節制的人身攻擊，我請求這些媽媽社群建立規範，以便管理和刪除文章。我想指出，在確認事實與否之前，就進行毫無差別的攻擊，和虐待兒童的犯罪者一樣，都是不當的行為。起初，我試圖從正義感來理解他們的行為，但那很明顯是鍵盤獵巫，我告訴他們那涉及到名譽毀損、散布虛假言論，有可能要受毀謗和妨害公務罪的處罰。此外，對於現在正因為網路惡意言論而痛苦的人，希望你們能有勇氣重新站起來，而不是選擇結束生命。

當我受網路惡意言論所苦時，有一天爸爸打電話給我說：「智恩，妳知道PSY吧？歌手PSY。他說每當他受惡意言論折磨時，就會創作出好歌曲。所以，妳現在所受的痛苦是為了讓妳成長，希望妳務必重新站起來。」我不停地哭泣。是啊，「有那麼多人相信我，那些陌生人所說的閒話不須放在心上。我應該把這一切當作成長的元素，不要跟著那些不實言論起舞，也要瀟灑地拋開肉搜所造成的困擾，讓自己更成長茁壯吧。」奇妙的是，在下定決心的那一刻，內心也變得堅強。此外，另一個想法也在心中油然而生，我們應該以「我也可能遇到這種情況」的心態，來看待身邊的事。我們必須有健康的狀態，才能告訴那些以未經驗證的事興風作浪的網民，不應該做出那樣的行為。我這麼安慰自己，然後重新站起來。濟州方言中有句話說「活著才知道怎麼活」，只要還活著，只要不放棄，就能擁有無論如何都能生存的堅強意志。是的，我會活下去，並且好好地生活。

肉搜和獵巫的犯罪增加，判例也越來越多。我們必須認識到，散布未經驗證的虛假事實和誹謗，以及洩露個人資訊的肉搜都是可怕的網路暴力。名譽毀損構成刑事上的妨害名譽罪、民事上的不法行為。公開具體的事實或虛假的事實，毀損他人的名譽構成犯罪（韓國刑法第307條），公開事實的情況處2年以下的徒刑或500萬韓元以下的罰款；公開虛假訊息的情況加重處罰，處5年以下徒刑或10年以下剝奪或消滅資格，以及1000萬韓元以下的罰款。此外，受害者若明確表示不同意，不適用反意思不罰罪。誹謗罪是公開詆毀所構成的罪行（韓國刑法第311條），處1年以下徒刑，以及200萬韓元以下的罰款，屬於輕罪。妨害名譽的犯罪情況，若是屬於資訊通信網路犯罪，會受到比刑法規定更嚴厲的處罰。在網路上散布真實資訊而妨害名譽的情況，處3年以下徒刑或3000萬韓元以下的罰款；在網路上散布虛假資訊而妨害名譽的情況，依規定處7年以下徒刑、10年以下的剝奪或消滅資格，以及5000萬元以下的罰款。網路犯罪發生件數，在2019年為18萬499起，2020年為23萬4098起，比前一年增加約29.7%。網路妨害名譽和誹謗件數，也從2019年的1萬6633起，2020年增加到1萬9388起，增幅約16.5%。隨著線上活動的發達，人們可以輕易地接觸社群媒體和網路評論，導致這一類的犯罪越來越多。和兒童虐待一樣，網路犯罪是嚴重的罪行，法律制裁固然重要，但根本性的對策和認識也同等重要。

如果你正在遭受網路暴力的痛苦，建議你不要孤軍奮戰，而是向網路犯罪偵查隊（韓國警察廳國家搜查本部的機構，負責電腦、網路等各種科技犯罪偵查）報案。如果兒童虐待發生的原因是認知不足，那麼，網路犯罪也可能是認知的問題。隨著時代的變遷和 COVID-19 的影響，網路上的活動變得更加多樣發達，政策卻總是亡羊補牢，因此非常有必要先改正人們的錯誤認知。許多保育教師和藝人由於惡意言論而成為天上的星星，不應再發生如此憾事。如果的確犯錯，就必須知道犯了什麼錯，並且藉由調查機關讓他們認錯，以防止類似的犯罪再次發生。

歌手兼演員雪莉首次受到惡意言論困擾時，曾經起訴上傳攻擊言論的網民，但據知後來是寬容處理。然而，一再遭受惡評折磨後，她終究無法忍受而走上絕路。雪莉選擇結束生命之後，在青瓦台留言板出現了「嚴懲惡意言論者」的請願，雖然得到民眾響應，但至今仍未有實質性的改變。大多數的網路妨害名譽和誹謗罪，都是以罰款結案吧？或者利用反意思不罰罪，道歉並得到寬容的話，就不會有什麼大事吧？然而，秋思雅律師警告說：「在網路上發表惡意言論可能會帶來嚴重的心理衝擊，惡意留言持續的情況，可能會引起很大的社會波瀾，也必須知道若頻繁匿名發表惡評，有可能因為多種證據而被判刑。」此外，「必須要認知到，那些在網路上發表的惡意言論，如果可能被不特定的大眾看到，會根據情況而構成徒刑罪和罰款罪處分。若是無法獲得受害者原諒則會加重處分，並且必須接受刑罰。」

防彈少年團的SUGA說：「想的話就盡量寫惡評吧，但是公司會採取強力的法律手段。我不會去看（惡意言論），但是一定會起訴，絕不善了。」IU也表示：「我們將強硬應對惡意的謾罵，不會商量或寬容。」如今，受害者對於惡意言論不再像以前那樣寬容，而是更強硬和明智地對待。讓受害者受傷的網民必須牢記，自己犯的錯不亞於兒童虐待罪犯者，務必謹慎行事。

惡意言論的受害者必須度過無比殘酷的時光。如果我再次面臨網路不實攻擊的情況，我會先將包含網址在內的發文和留言截圖，向網路犯罪偵查隊報案後，聯繫網路論壇的管理員，要求將發文和留言存檔，並且確保無法被刪除。由於這類請求都是在線上進行，因此必須迅速處理。網址截圖、向網路犯罪偵查隊報案、要求管理員撤除發文（移到保存區），這3項都必須盡可能迅速。之後就交由執法機構讓他們認識何謂惡意言論，了解到自己所犯的錯，並且從案例的累積中加強規範。不該再繼續姑息這些惡意。

惡意言論出現時，保護心理健康最好的方法是不要去看，如果已經看到了，就要努力不要回應。不要留言，告訴自己那些寫惡評的人只是心靈脆弱、自尊心低落、憤世嫉俗的可憐人，出於猜忌和嫉妒才會做這些事。不讓惡意言論與自我肯定連結，陷入更深的痛苦中是保護自我必須做的事情。如果精神狀況因為惡評而變差，導致睡眠障礙、飲食障礙、憂鬱症等心理創傷，務必接受專業的諮詢。不要認為那只是一時的事，過去就好了，必須藉由治療來排除內心的創傷，並且回歸原本的狀態。我在看惡評的時候，也覺得惡評好像就是整個世界，無法從中抽離。心裡想著所有人都看到了，大家都認為我就是那種人的話該怎麼辦？這種想法只是把自己推入黑暗之中。我後來才領悟到，人們並不像我想的那麼閒，對我也沒那麼在意，因此開始將惡評視為只存在於網路上的虛幻之詞。不要因為惡評就認為人生就此結束，被黑暗的心靈所箝制。務必要好好保護自己。

曾參與知名綜藝節目《爸爸！我們去哪裡？》，金成柱的兒子金民國對於網民攻擊自己的外貌，回應了這樣的名言：「沙袋知道自己的弱點，受到任何打擊都不會痛。」的確，錯誤的資訊不應被視為弱點，而是莫須有的罪名，這種狀況或許更難克服。但是，我想告訴經歷過類似事件的受害者父母、幼兒園園長、保育教師或養育者，以及許多因為惡意言論而受苦的人，請成為有韌性的沙袋。承受得了任何打擊的沙袋，即使受到拳頭猛烈的打擊，也會彈回原處，我們需要像沙袋一般的復原能力。真誠地希望你能夠克服受傷後的壓力和傷痛，從中成長，而不是被擊倒。

Part 3

以管教為名的虐待

——正確的管教方法

01 管教後的關懷不可少

申昌源是一名罕見的越獄犯，童年時期飽受家庭暴力和辱罵。他在自傳《907天的告白》一書中寫道：「為了抓我，他們甚至動員軍隊，花了大筆的錢，但是想要不讓我這樣的人出現，並不是沒有辦法。如果小學時老師曾經摸摸我的頭、對我說一聲『你是個好孩子』，我或許不會走到這一步。在五年級時，老師對我大喊『混蛋，沒帶錢來學校做什麼，快滾』，從那時候起，我內心的惡魔就誕生了。」童年時期的記憶，就像這樣支配一個人的一生。對於孩子最有影響力的人，當然是父母或養育者，其次是幼兒園、幼稚園和學校等學習場所中長時間陪伴孩子的教師。老師是孩子們最重要的導師，也是行為的借鏡。

回想我的學生時期，2000年代的國、高中階段，老師們的模樣仍然清晰可見。當時的老師擁有絕對的權威，在那個經常以「愛的鞭策」之名，赤裸裸地進行教育性體罰的時期，根本就沒有人關注兒童虐待的問題。我是家裡兩個女孩中的老么，在慈愛的父母呵護下成長。我在首爾出生，小學四年級時搬到濟州島，開始在那裡上學。校園生活一開始有許多困難，但逐漸適應並且交了很多朋友，比起學習，和朋友相處的回憶更來得深刻。我的父母總是認為多樣的經驗比課程知識重要，而我似乎也是朋友關係比成績好的學生。因此，我在學校經常被老師罵，覺得老師有何不當就會直接反應，回想起來，是一個經常挨打的學生。回憶那些受虐待的記憶，有些老師的愛讓我成長，也有些老師讓我心中的惡魔茁壯。有一名老師因為我在教室吵鬧叫我罰跪，並用高跟鞋跟踢我的大腿；打耳光是家常便飯，甚至有老師用腳踢人、說出不堪入耳的髒話。當時不只是我，很多同學也都受到體罰，但是我們都沒有意識到那是虐待，更別說告訴父母了。

記得高中二年級時，有一天我沒有參加晚自習，偷偷地搭乘校車和朋友出去玩。第二天，班導師拿著一隻長棍叫我過去，在我的小腿上打了30多下，留下瘀青和腫塊，很長一段時間只能穿運動服上學，但是我從未憎恨那位老師。導師在懲罰我們的時候，眼眶裡滿是淚水，打完後還一個一個叫我們過去，親手幫我們塗上從藥局買來的藥膏。或許是傷口治療的效果吧？當時心中感受到老師這麼地愛我們，為了不讓老師難過，我們必須好好表現。但是對於愛亂打人的老師，我總是很叛逆，因此傷痛至今難忘。正如我的經驗，老師這個角色是教育過程中最重要的一環，包括正確的管教乃至於管教後的關懷。

觀看婆家幼兒園虐待事件的監視錄影時，雖然看見一名老師用力壓制一個孩子，管教孩子所犯的錯，同時也有他擁抱孩子，安慰並鼓勵孩子的畫面，這名老師沒有被列入罪犯名冊中。孩子被擁抱時似乎很舒適，老師也更緊地擁抱他。專家們強調，在正確的管教中，讓孩子的心靈恢復到原狀態最為重要。管教之後如果沒有任何的後續行動，可能會引發自律神經系統調節的問題。由於孩子正處於性格和偏好的形成關鍵時期，因此管教後的關懷很重要。小孩如果一味受到父母（養育者）或老師的管教，就無法與他們建立健康的依戀關係，只會引起怨恨、憤怒和反抗。更重要的是，錯誤的管教會留下心理創傷，這樣的管教可說是失敗的管教。如果希望管教能對孩子產生健康的教育作用，那麼不能僅止於適當的管教，而是管教之後要進行安撫，讓孩子回到平靜的狀態。如果管教之後向孩子傳達關愛，但是孩子的情緒沒有得到緩解，表示管教尚未完成。必須理解孩子為何傷心，注意孩子的情緒變化，乃至於轉換心情。此外，最理想的狀況是好好地向孩子說明管教的立場，並且尋找解決辦法。

那麼，對於在管教結束後，心情仍然不好的孩子，應該如何與之對話呢？我想介紹以下7種舒緩孩子情緒的對話方式。

（1）讓孩子表達心聲並且傾聽。

「你現在覺得不公平或有話想說嗎？」

管教可能會讓孩子覺得不公平。若是朋友或弟弟先打我，老師或父母沒有看到，於是只處罰我，在這種情況下一定會覺得不公平。因此，老師或父母（養育者）在管教之後，應該讓孩子有機會表達，並且認可他們的感受，告訴孩子「這樣的確讓人覺得不公平」、「我不知道原來事情是這樣」，那麼孩子即使受到管教，也能認為自己的意見受到尊重，從而減輕受冤枉的感受。

（2）說明管教的理由，讓孩子能夠理解接受。

「老師（父母或養育者）責備你是為了讓你懂事。還有，因為這樣的行為很危險，所以才要好好教你。」

孩子被老師或父母（養育者）責備，可能放聲大哭，但通常不是明白自己做錯了，而是因為被罵而難過。因此，必須清楚地告訴孩子被罵的原因，好好地說明管教的理由，若是孩子能夠理解並接受，下次就不會再犯同樣的錯誤。

（3）真誠地安慰，讓孩子平靜下來。

「謝謝你讓老師（父母或養育者）把話說完。」

老師或父母（養育者）在進行管教時，有的孩子會試圖逃跑，有的孩子會一直哭。如果管教能進行到最後，應該對孩子把話聽完表示謝意，因為光是挨罵本身就會讓孩子感到不安。真誠地傳達你心中的感謝，讓孩子平靜下來回到原本的心理狀態。

（4）同理孩子的心情，並協助轉換情緒。

「原來老師（父母或養育者）的話讓你很難過啊，如果你覺得好一點了，要不要一起玩你喜歡的遊戲？」

同理孩子為何傷心，並且從孩子的角度來說明管教的理由，接著要提供慰藉的方案，讓孩子能夠轉換心情。唯有讓孩子的心情回到管教前的狀態，管教才算完成。

（5）明確地告訴孩子，管教是為了糾正不當的行為，而不是討厭他。

「不是討厭你才這樣的，是要告訴你哪裡做錯了，老師（父母或養育者）罵你的時候也很心痛，但是必須教你正確的行為。」

從孩子的角度來看，遭到責備是很受傷的事，會產生「老師（父母或養育者）只討厭我一個人」等想法。因此，需要向孩子解釋並不是因為討厭他們。如果孩子已經能夠控制自己的行為，就應該關注他們的情緒，並且傳達我們的愛。

（6）當孩子改正錯誤時，立即給予「讚美」等獎勵。

「好棒，是不是覺得這麼做更好？」

孩子在犯錯之後改正時，父母應對受教訓後的改正給予回應，透過語言表達肯定，讓孩子從中學習。當孩子有進步時給予讚美，有助於孩子找到改進的方法，並且提升自信。

（7）最重要的一句話：「我愛你」。

表達對孩子的愛。就算不是在管教之後，「我愛你」都像滋養劑一樣，讓孩子在愛之下成長，毫不吝嗇地表達吧。

管教後的7種對話方式，雖然根據孩子的性格和偏好可能有所不同，但重要的是熱切地表達這種心意。然而，這絕對不是說管教之後為了給予安慰，要立即做出擁抱和道歉的行動，因為這樣反而是另一種錯誤示範，孩子需要時間來冷靜，先等候約20分鐘後再觀察情況。由於每天的狀況都不一樣，因此在管教後先確認孩子的情緒變化，等到孩子冷靜到某個程度之後，再以上述的類似方法表達關愛。在管教之後，切勿說出「老師（父母或養育者）是不得已的」、「對不起」、「我做錯了」這一類的話。生氣了再道歉，以不得已之類的內容來道歉，反而會讓老師、父母（養育者）陷入自己才是犯錯的那一方的處境，孩子會因此不明白為何受管教，而過度的安撫行為會使管教的效果減半。此外，也可能造成下次進行管教時引起孩子反彈。

千萬不要說：「做錯事還哭？」「還不停下來？」「別來找我，走開！」等，這一類屬於精神虐待的話。孩子在被老師、父母（養育者）責備時，會因為害怕和不安而流淚，這些命令的語句，會加深孩子的混亂情緒。因此，當孩子意識到行為錯誤的瞬間，就該結束管教。

已故的小說家崔仁浩（音譯）曾以給庭院裡的樹澆水一事，談到充分的愛才有價值。「我每天都給庭院裡的樹澆水，但是樹還是死了。」詢問園藝師原因，他回答「因為沒澆水」。崔仁浩說「怎麼可能，我每天都有澆水！」「你澆多少水？」「每次都澆一瓢。」園藝師笑著說「這棵樹需要澆滿滿一大桶的水，只澆一瓢等於沒澆」。這番對話引發崔仁浩省思。

你給予的愛是否足夠於孩子的需要？就像植物沒有澆水會枯萎一樣，孩子們也迫切需要愛和關心。如果管教是出自矯正孩子的錯誤行為，那麼在管教後要毫不吝嗇表達真摯的愛，這樣孩子將會健康成長，成為自我肯定感高的人。

02

不吃飯的孩子需要的是教育，而非強迫

①高藝恩（化名）不想吃飯，A老師開始吃他的飯，B老師則讓他坐在椅子上想餵他吃飯，藝恩轉過頭拒絕，B老師抓住他的手臂，將他從椅子上拉開後拿走椅子，接著強迫他吃飯。A老師繼續吃他餐盤裡的飯，對他做出身體和精神虐待的行為。

②尹勝俊（化名）轉過頭不想吃點心，老師用手掌猛烈拍打他的手臂和嘴巴，接著又打他的嘴巴、臉和手臂好幾次，再次強迫他吃東西，不斷做出將湯匙塞進他的嘴裡等身體虐待行為。

③吳瑞賢（化名）不想吃飯，老師用手指推他的額頭1次，拍打他的肩膀和胸部4次，

他因此哭了出來。老師接著又強迫他吃，因為還是拒絕老師便用手推倒餐桌椅，瑞賢又被嚇哭。老師雙手抓住他向旁邊推，倒地之後也繼續推，最後用力將他拉起來，讓他獨自在坐在餐桌椅上20多分鐘，屬身體和精神虐待之行為。

婆家幼兒園發生的350多起虐待事件裡，犯罪紀錄中老師不當的行為最常發生在孩子不吃飯或不吃點心時。上幼兒園的孩子大多數在早上9點上學，下午4點回家，也有許多孩子會因為單親或雙薪等家庭情況，從早上7點到晚上7點都在幼兒園。一天有大半時間都待在幼兒園的孩子，早上有1次點心、1次午餐和下午1次點心，孩子如果都拒絕吃東西，會一整天處於飢餓狀態。老師會擔心這種不吃飯和點心的情況，於是努力用盡方法要孩子吃東西。然而，必須意識到試圖強迫餵食的行為也屬於虐待。不了解正確的教育方法，只集中精力在強迫餵食上，這樣的管教方式不只是幼兒園老師，父母和養育者都應該注意避免。

2021年6月，一名蔚山市的老師因為孩子不吃飯，做出扔摔孩子等100多次的虐待，被判處2年徒刑。然而，許多人認為這個刑罰太輕。根據兒童福利法，強迫孩子吃不喜歡的食物，這種行為屬於精神虐待，最高可處5年以下徒州與5000萬韓元以下的罰款。根據事件的輕重程度，可能判處罰款或徒刑。此外，在強迫餵食的過程中，如果有「混蛋」、「你這臭小鬼不吃嗎」、「現在就吃」等類似的語言暴力，或者「哥哥都乖乖吃了，你是怎樣？」與手足以及其他孩子做比較等，都有可能受到加重處分。

因為孩子不吃飯而強迫餵食，造成強烈的痛苦和精神創傷屬於兒童虐待。由於飲食習慣的教育非常必要，所以對於不吃飯的孩子，最重要的是教育而不是強迫。

讓我們先來了解孩子拒絕進食的可能原因：

1 飲料、牛奶等飲品喝太多，造成食量明顯減少。
2 身邊有玩具、電視、手機等干擾飲食的因素，無法專心吃。
3 孩子意識到就算現在不吃飯，父母（養育者）或老師也會給零食。
4 不想吃到討厭的蔬菜、海鮮、肉類等食物，因此拒絕吃。
5 不喜歡咀嚼食物的孩子，可能會將食物含在嘴裡或者吐出來。
6 用餐時間不規律也可能讓孩子拒絕進食。
7 不是因為餓了才吃，只吃自己喜歡的食物，挑食又敏感的孩子，嚐到不喜歡的味道會拒絕食用。

除了這7種狀況，孩子拒絕進食的原因還有很多。然而，無論孩子出自什麼原因而不吃東西，一味地強迫只會讓孩子更排斥，每到用餐時間就會感到痛苦。如果孩子拒絕進食，請先檢查是否有上述的類似問題。若總是抓住孩子強迫餵食，這種行為會讓孩子對食物產生抗拒，在精神上造成嚴重的傷害。

日常生活中最重要的飲食，直接影響到孩子的營養和發育，可說是育兒最困難的部分。身為父母多多少少都曾經為孩子的飲食問題而煩惱。我在育兒過程中最大的難題，就是培養孩子的飲食和睡眠習慣。兒子和女兒的偏好和性格完全不一樣，吃飯的習慣也非常不同。兒子不喜歡吃零食，只喜歡吃飯，女兒則喜歡吃零食，不太喜歡吃飯。我在兒子出生後，因為育兒經驗不足，沒有考量到孩子的適當食量，老是覺得他吃太少，想讓他多吃一點。從現在的狀況來看，長子吃得比一般的孩子多，可能會導致性早熟和肥胖等問題。因此，無論孩子吃多或吃少，都可能產生問題，父母（養育者）和老師都必須了解適當的育兒飲食。

那麼，孩子的適當食量是多少呢？下一頁的表格為《營養學（修訂版）》中各食品類別每天的建議攝取量。如果成年人每日的建議攝取量，男性2700大卡、女性2000大卡，那麼3～4歲的兒童應該攝取成人的一半，即1200到1400大卡。此外，雖然應該適當地攝取各類

兒童每日食品種類

	食品類別	食品種類	1000～1200大卡 滿1－2歲	1200～1400大卡 滿3－4歲	1600大卡 滿5－7歲	1700～1900大卡 滿8－10歲
食用量	穀類	五穀 根莖	飯1/3碗—3次 1個	飯1/2碗—3次 1個	飯2/3碗—3次 1－2個	飯1碗—3次 1－2個
	魚肉類	肉 海鮮 蛋 豆	15g－>30g 20g－>40g 1/3個－>2/3個 10g－>15g	1塊（40g） 1塊（50g） 1個 1匙（20g）	1/2塊（60g） 1又1/2塊（80g） 1又1/2個 1又1/2匙（20g）	2塊（80g） 2塊（100g） 2個 2匙（40g）
			共3次	共3次	共3次	共3次
	蔬菜類	綠黃色蔬菜 淡黃色蔬菜	大人湯匙 1～2匙—3次	1小碗—3次	1小碗—3次	1小碗—3次
每日點心	水果類	蘋果 梨子 香蕉	1/3個 1/4個 1/2個	2/3個 1/2個 1個	2/3個 1/2個 1個	2/3個 1/2個 1個
			共1次	共1次	共1次	共1次
	乳品類	牛奶 優格 起司	400－500ml	400－500ml	400－600ml	600ml
	油脂類	料理用	2－3小茶匙	3－4小茶匙	4－6小茶匙	5－6小茶匙

出處：《營養學》

食物，但如果孩子討厭水果、牛奶、蔬菜、魚類、肉類、穀類等其中一種，或者會誘發過敏而不能吃，那麼就應該選擇同一類別的其他食物來替代，而不是強迫孩子吃。例如，像我家孩子一樣不喜歡蔬菜的話，可以給他們喝市售的蔬果混合飲料，或者以營養劑來補充，都是可以幫助培養飲食習慣的方法。對於討厭蔬菜的孩子，改變烹調手法就很重要，若是將蔬菜切碎孩子仍然敏感的話，建議打成泥狀。培養孩子好的飲食習慣，完全是父母（養育者）和教師的責任。此外，如果孩子習慣喝飲料、牛奶、吃餅乾、糖果等零食，那麼食量自然會明顯減少。因為孩子不吃飯，想讓他們多少吃點東西而給零食的話，就會形成惡性循環。父母有時候會有慶幸孩子至少還願意吃零食的心態，因此在家裡準備了餅乾、飲料等，但這種情況只會造成孩子無法戒掉吃零食的習慣。如果孩子已經養成吃零食的習慣，那麼就從今天開始制定吃零食的規則吧。例如，一週只能吃一次餅乾或飲料，或是在某一天允許孩子在商店裡挑選想吃的零食，其他日子則嚴格禁止吃餅乾或飲料。

萬一父母（養育者）本身就喜歡吃零食，一定要一起戒掉。最理想的方法是父母（養育者）和教師配合，不讓孩子養成吃零食的習慣。光是減少吃零食的次數，就能讓孩子在家裡和幼兒園都乖乖吃飯。還有，應努力遵守固定的用餐時間，避免不規律用餐，並且在吃飯時間將手機、電視、玩具等物品放在孩子的視線範圍之外。對於不喜歡咀嚼的孩子，先以他們最喜歡的食物為主，盡量讓他們體驗吃的樂趣；也要用孩子可以理解的方式，告訴他們如果不多多使用牙齒，可能會影響牙齒的發育。

孩子天生挑嘴、飯和零食都不愛吃的情況最為困難。在這種情況下，應該讓孩子多次、少量進食，不要讓孩子排斥食物。儘管有點辛苦，不妨將香蕉、馬鈴薯、地瓜等放在孩子自己能夠拿去吃的地方，為孩子創造多次、少量進食的環境。至於像幼兒園這樣的集體生活，父母（養育者）和老師必須進行溝通。父母（養育者）應該說明孩子的狀況，讓老師理解並指導孩子。如果孩子不想吃，老師不應該強迫孩子，而是告知父母（養育者）今天孩子沒有乖乖吃飯。只要父母（養育者）和老師對於孩子的飲食習慣態度一致，孩子就能在養育過程中一天天進步，養成良好的飲食習慣，所以千萬不要灰心。在與飲食教育相關的問題上，還有一點需要提醒的是，許多父母（養育者）和老師為了培養飲食習慣，會過度稱讚和獎勵，例如「我們寶貝吃飯時表現得太好了」、「有好好吃飯真乖」、「因為有乖乖吃飯，買餅乾給你」等，這些在培養飲食習慣中是不必要的，切記孩子如果因為吃飯而得到過度的稱讚和獎勵，會把重心放在得到稱讚和獎勵，而不是享受食物本身的美味，這樣會在長期的飲食習慣培養中產生錯誤的認知。我們需要讓孩子知道，吃飯是個人享受，在培養飲食習慣時克制過度的稱讚和獎勵。

孩子的飲食習慣會持續變化，3歲時討厭的食物，5歲時可能變得愛吃。孩子若是經常看見父母（養育者）或老師吃他不喜歡的食物，可能更容易消除對那項食物的排斥心理。此外，多樣化地提供孩子不喜歡或者陌生的食物也很重要。只有這樣，才能消除孩子對這些食物的抗拒心理，未來在小學、國中和高中若需要吃學校的供餐也不會有問題。如果因為孩子不喜歡吃肉，在家裡就不要求他吃肉，孩子會以為不吃肉是理所當然，而錯失了改變的機會。即使是孩子不喜歡的食物，在家裡也要少量地放在孩子的餐盤裡，或是讓孩子自己夾取，這些都是培養積極飲食習慣的好方法。飲食習慣在成年後的社交生活中也很重要，為了不對往後的生活造成不便，需要父母（養育者）和老師教導良好的飲食習慣。

亞里斯多德說，就像小鳥練習飛翔一樣，每天重複到內化而變得熟悉，就會成為習慣。正如反覆做的行為會成為習慣一樣，唯有經過多次的重複才會完全熟練，因此，孩子的飲食習慣也不會在一夜之間改變，即使嘗試了但孩子依然故我，也絕對不要放棄。據說人們需要66天才能養成習慣，如果父母和老師一起努力，以3天為一個循環來達成66天的目標，孩子將會在良好的飲食習慣下健康地成長。

03

喜歡躲在角落的孩子渴望安全感

①金裕民（化名）躲在尿布床下，一隻手臂被抓住、用力往外拉出後，老師用拳頭打了他的頭3次，然後對轉過頭哭的他斥責2次，又做出用拳頭打他的頭等身體虐待之行為。

②朴書民（化名）卡在床底下，即使處於頭部卡住的狀況，還是被以蠻力拉扯手臂。他的臉在地板上摩擦才從床底下脫身，而他一爬上床後，就被老師用手掌打了屁股1次，並且在哭泣的他面前拍手，又抓住他的雙手像拍手一樣拍打，然後重重打了肚子。之後，反覆做出用手捂住嘴巴的動作，並用力抓住頭髮把他拉到地上的身體虐

待的行為。

③ 劉敏俊（化名）進入收納櫃，老師抓住一隻手臂往外拉扯，使他跌倒在地上，並做出將敏俊推開讓他與其他孩子相撞等身體虐待行為。

照片中和表弟妹一起玩捉迷藏時躲在狹窄的衣櫃裡入睡，卡在冰箱旁的狹縫無法掙脫而大哭的模樣，以及在媽媽製作的大紙箱裡玩，這些都是我童年時期的記憶。養育孩子的過程中，經常會在孩子的行為中看見自己小時候的模樣。看著那些場景不禁感到神奇，也從很多的行為中理解孩子的觀點。孩子不僅是身體在發育，心理和情緒每天也都有不同的成長。昨天還玩到愛不釋手的玩具，今天就被丟到一邊，尋找新的玩具。這樣的行為是孩子依循發育階段，正在健康成長的訊號。除了上述老師犯下的罪行之外，也有很多錯誤是發生在制止孩子在狹窄的角落和縫隙裡玩耍。如果加害老師能夠熟知兒童各個發育期的特性，並從孩子的觀點來了解遊戲行為，上述情形還會發生嗎？加害老師認為孩子的行為危險、難以預測又無法理解，因此想要制止，甚至採取錯誤的方法來阻止孩子。養育孩子時會發現，孩子的某些行為很難以成人觀點而理解，但是孩子的那些表達方式必然有理由和目的。

在成長的過程中，18個月大左右開始到小學入學前，孩子會喜歡在狹窄的縫隙和角落裡創造自己的玩耍空間，在3、4歲的孩子身上尤其常見。孩子的行為根據遊玩的意義而不同，但是對於孩子來說，床底下、餐桌下、衣櫃裡、傢俱之間等，眼中所見到的狹窄空間或許就像記憶中母親狹窄的子宮，讓他們感到舒適和安全，就像避難所一樣。此外，在孩子的發育過程中，會透過創造只屬於自己的物品、屬於自己的空間、擁有「我的東西」這類遊戲行為增加自信心。因此，如果制止，或許會讓孩子感到困惑和不安。專家指出，孩子喜愛狹窄空間的心理因素，大部分是因為不安，或者在尋求安全感和舒適感時想起母親的子宮，因此「回歸本能」地到狹窄空間玩耍。當然，如果孩子進入狹窄空間會有危險時，家長（養育者）和老師必須果斷地制止，並且告訴他們有危險。但是，如果只是禁止，卻沒有為孩子尋找其他遊戲方式，可能會讓孩子受到挫折。

如果孩子進入危險的空間，父母（養育者）或老師應該理解孩子行為背後隱藏的含意，並且確保他們安全地離開。接著，應該教育孩子那會造成危險，並且找出其他遊戲方式和對策。在婆家幼兒園的犯罪紀錄中，也記錄了我女兒的受害情況。當時的受虐記憶，讓孩子至今仍然害怕進入狹窄的空間。當她看到狹窄的縫隙時，會先看著我問說：「進去那裡是不好的吧？」即使告訴她沒關係，孩子似乎無法完全忘記那天遭到老師虐待的記憶。如果沒有那樣的受虐記憶，她可能會躲在各個隱密的空間裡，發明屬於自己的特別遊戲，並且藉由這個過程感到舒適和放鬆，在空間內盡情體驗美好的感受，因此我至今仍然怨恨著那名給孩子留下創傷的老師。孩子會像海綿一樣吸收父母（養育者）或老師的行為，並且記在心裡，因此不要凡事從成人的角度認為孩子無法理解，應該從孩子的觀點來看待他們的行為。喜歡躲在角落的孩子是用身體傳達想要安全感，與其制止他們，不如教導他們有什麼危險性，並且一起尋找新的遊戲。

孩子的自我意識開始形成後，會想要擁有自己的物品和空間，因此，允許他們在狹窄的空間中玩耍，能給予安全感並提高自信心，為孩子留下美好的回憶。我想向父母（養育者）或老師介紹如何利用孩子進入狹窄縫隙或空間時，有智慧地教育孩子，以及相應的新遊戲方式。首先，如果孩子進入狹窄的縫隙或空間等危險的地方玩耍，父母（養育者）或老師應該先將孩子安全地帶離，以「進去那裡可能會受傷」、「如果出不來的話會有危險」等，以孩子能夠理解的用語說明危險性之後，幫助孩子找到新的玩法。然而，如果不是危險區域，與其刻意把孩子帶開，不如等候孩子在那裡玩耍並獲得足夠的安全感之後，和孩子聊一聊他們所感受到的愉快情緒後再帶開，如此一來會讓孩子留下更珍貴的回憶。如果要限制孩子在危險的地方玩耍，那麼就應該創造並提供孩子所喜歡的遊戲空間。第一，提供類似印第安帳篷或迷你屋的安全空間，讓孩子能夠在裡面放心地玩耍。第二，帶領孩子在大箱子上畫畫、貼上貼紙，讓自己創造的空間更具意義。第三，用積木搭建基地，或者用玩具娃娃圍成空間的邊界，引導孩子去感受自己專屬的空間。也可以用孩子喜歡的玩具創造專屬的空間。第四，可以利用幾把椅子，或是在移動型桌子上覆蓋毯子，創造類似洞穴的空間，盡量讓孩子感到舒適，並且在裡面玩自己想的角色扮演遊戲。第五，將書籍整齊堆疊起來，為孩子創造一個小天地，孩子也可以藉此親近書本，度過閱讀時光。除了這些方法之外，在安全的空間裡、在專屬的小天地玩自己想玩的遊戲，度過身心舒適的時光，都能夠提升孩子的自我肯定。

但是，如果孩子整天待在角落裡，或者長時間待在狹窄的縫隙，則建議諮詢專業人士。無論是什麼遊戲，都需要關注並了解孩子當時的心理狀態。嬰幼兒對於在舒適的空間中感受到安全的需求尤其強烈，因此父母（養育者）或老師的角色非常重要。

孩子藉由「我的東西」、「我的空間」建立自信心和能力的這個時期，父母（養育者）或老師應該幫助他們感受到充分的安全感，這是讓孩子幸福成長的最佳教育。孩子若是擁有安全感，就有強大的力量對抗人生中的任何困難。

所謂的父母，就是盡力透過瑣碎的小事讓孩子感到幸福。

——奧格登・納什（Ogden Nash）

04 養成良好的睡眠習慣

①吳秀熙（化名）睡覺時間到了沒有躺在床上，老師抓起他的雙手抬高然後拋下，接著又粗暴地同時抓起他和枕頭一起往下扔。秀熙驚慌失措地哭了出來。

②朴敏智（化名）在睡墊上翻來翻去，老師用力推他的頭，把他的身體推向側邊，打了1次屁股；敏智仍然不想睡覺，老師用手掌打他的嘴巴1次，屬身體虐待之行為。

③金有美（化名）睡覺時間沒有睡，老師靠近他大聲指責，以手掌用力拍打肩膀6次，屬身體虐待之行為。

④金小莉（化名）不睡午覺，老師靠近他用枕頭推他的臉1次，用手打肚子1次。之後雖然試圖哄他睡覺，但沒有成功，於是做出拉扯他的頭髮，拍打肩膀3次等身體虐待行為。

⑤劉敏書（化名）躺在睡墊上不睡覺，老師打了他的腿部1次，用力拉他的手臂強迫站起來，又讓他再次躺下，用棉被蓋住他的頭，讓他沒辦法翻身，用腳踩壓棉被等身體虐待行為。

仁川市一間幼兒園的老師們，因為孩子不睡覺拉扯孩子的頭髮，涉嫌虐待並被判刑。水原市的一間幼兒園也發生9到21個月大的孩子因為不睡午覺，被老師用棉被包住全身無法動彈，並且多次用力拍打背部等虐待，施暴老師也因此被判刑。還有一名繼母造成3歲的繼子死亡，說詞是孩子不睡覺讓她有育兒壓力。一名60歲的產後護理師因為孩子不睡覺，多次摔打和用力搖晃，甚至於辱罵直到孩子身亡。最近這種以「孩子不睡覺」為理由而施虐的事件不斷發生，令人感到痛心。孩子的睡眠狀況雖然是很多父母（養育者）和老師在育兒過程中最頭疼的問題，但是從孩子的角度來看，他們出生後要適應陌生的環境，若是沒有成年人的幫助，無法自己建立睡眠習慣。孩子在成年人的教導下養成睡眠習慣，就可以健康地成長。人類絕對需要睡眠，對於大腦發育有極關鍵的影響。睡眠不光是單純的休息，入睡時腦中分泌的生長激素能促進兒童的身體發育，也會對情緒調節、注意力、行為等產生許多精神層面影響，可見睡眠對於成長的重要性。

此外，晚睡不利於大腦將白天所學習到的東西轉化為長期記憶，代表睡眠也會影響學習效果。如果睡眠不足，有可能對注意力、判斷力、記憶力等腦神經發育造成嚴重的問題。因此，父母（養育者）或老師應停止以強迫或錯誤的方式要求孩子睡覺，給孩子帶來痛苦，應該幫助孩子建立正確的睡眠習慣。

那麼，對嬰幼兒來說充足的睡眠時間是多久呢？

研究結果已經證實，無論是成人或小孩，過度或不足的睡眠時間都會損害健康，因此必須掌握嬰幼兒適當的睡眠時間。從新生兒到每個階段建議的睡眠時間不同，但專家建議36個月大之後，每天最好是清醒12個小時、睡眠12個小時。5歲以上的孩子則需要睡滿11個小時，白天才不會想睡覺。下一頁的表格是各月齡別建議的睡眠時間。

孩子無法自主控制疲勞，因此建立孩子的睡眠習慣，是父母（養育者）和老師的責任。如果

月齡別建議睡眠時間

月齡	夜間睡眠時間	日間睡眠時間	日間睡眠次數	總睡眠時間
1週	8小時30分	8小時	4次	16小時30分
1個月	8小時30分	7小時	3次	15小時30分
3個月	10小時	5小時	3次	15小時
6個月	11小時	3小時15分	2次	14小時15分
9個月	11小時	3小時	2次	14 小時
12個月	11小時	2小時45分	2次	13小時45分
18個月	11小時	2小時30分	1次	13小時30分
24個月	11小時	2小時	1次	13小時
36個月	10小時30分	1小時30分	1次	12小時
滿4歲	11小時30分	-	-	11小時30分
滿5歲	11小時	-	-	11小時

因為孩子不睡覺，強迫入睡或者威脅，只會讓孩子逐漸對睡覺時間感到害怕。2021年秋天左右，我因為沒有備妥女兒的用品，曾經在午睡時間到幼兒園去了一趟。那一天身為園長的婆婆注意到有孩子不睡覺，告訴老師們：「如果有孩子在午睡時間哄了也不睡，可以讓他們躺著休息，或者教他們玩。」她還說：「孩子的睡眠模式和昨天不一樣，一定要和父母（養育者）溝通。」的確如此，即使父母（養育者）在育兒時努力遵守規律的作息，有時候不免有突發事件擾亂規律。這麼一來，孩子可能比平常晚入睡，早上也可能睡過頭。孩子在睡過頭的狀態下去了幼兒園，睡眠模式已經被打亂，就有可能在午覺時間睡不著。如果孩子在家裡睡過頭或者睡眠時間不同，務必主動告訴老師。唯有這樣老師才能了解孩子為什麼

今天特別難入睡，為什麼不想吃飯，為什麼發脾氣等這些與睡眠狀況有關的現象。

讓我們來看看為了建立孩子的睡眠習慣，父母（養育者）或老師應該做的7件事。

（1）每天按時睡覺和起床。

讓孩子養成不論是平日或假日、不管在什麼地方，每天都能在固定時間入睡的習慣很重要。由於大多數的幼兒園都會有固定的午睡時間，因此在家中務必養在讓孩子在晚上10點前入睡的習慣。這時，引導孩子逐漸建立睡眠習慣，取得充分的休息，而不是單方面地強迫孩子睡覺。即使在哄孩子入睡時遭遇挫折或退步，也應該保持一貫性持續引導，這樣孩子才會逐漸熟悉，依循作息時間入睡，而父母（養育者）或老師在哄孩子入睡上就會更得心應手。

（2）睡前打造適合入睡的氛圍。

臥室應該舒適且安靜。在睡覺前，活動性遊戲會干擾睡眠，因此要避免激烈運動，選擇輕柔的伸展運動或兒童按摩等會有助於入睡。此外，與其讓孩子單獨入睡，不如父母（養育者）或老師一起躺著，打造適合睡覺的氛圍，讓孩子感受到更多的安全感，得以輕鬆地入睡。睡覺前的模式和氛圍最好連貫，例如洗完澡後進臥室、聊一聊當天所發生的事情、唸故事、讓孩子自己關燈，互道「晚安」之後，躺在床上睡覺。每天重複這樣的規律模式，孩子就會記住並養成習慣。如果每個家庭或幼兒園都有和孩子一起進行的睡前固定模式，那麼睡眠訓練會更容易成功。

（3）**孩子怕黑可以安裝小夜燈。**

在前述的犯罪紀錄中有我家女兒受虐的紀錄。有一天由於在家裡睡太晚，很晚才去幼兒園，她在午睡時間睜開眼睛安靜躺著，老師卻以她不睡覺為由，給孩子留下極大的創傷。在那之後，女兒晚上睡覺時怕黑，在陰暗和漆黑的環境感到害怕，睡前要關燈時會大叫，並且因為驚嚇而哭鬧。此後，我們在房間安裝了小夜燈，讓孩子找回安全感。許多這個時期的孩子，即使沒有虐待創傷所造成的恐懼，也可能在黑暗中感到害怕。當孩子心裡感到不安時，他們可能會害怕入睡。在這種情況下，安裝一個不會影響睡眠、適當的小夜燈會很有幫助。

（4）**確認適合的溫度和濕度。**

睡覺時的溫度和濕度很重要。溫度和濕度肉眼無法得知，卻對健康有很大的影響，因此應該準備溫濕度計，讓環境維持在舒適的狀態。最適合的溫度是攝氏20～24度，濕度40～60％。室內濕度超過50%會繁殖黴菌，或是滋生塵蟎等細菌和病毒，因此需要注意。濕度低於40%，皮膚會變乾燥，可能導致皮膚炎，或是鼻子和喉嚨感到刺痛並引起支氣管炎。此外，如果溫度不適宜，孩子可能會感染感冒等呼吸道疾病，因此溫度和濕度非常重要。如果希望孩子在安穩和舒適的環境中睡好覺，請確保適當的溫度和濕度。

（5）使用安撫物品。

使用安撫枕頭、安撫娃娃、安撫被等，可以讓嬰幼兒感到舒適的物品。孩子在成長過程中往往會感到許多不安。隨著成長階段，調節不安的能力會逐漸發展，並且被認為來自依戀形成的過程。專家們建議，對父母（養育者）或老師的依戀固然重要，但也可以藉由物品幫助孩子感受到依戀，或者活用工具來減緩心理的不安。如果孩子在家中已經養成和安撫物品入睡的習慣，那麼在幼兒園的午睡時間可以共用這些物品。安撫物品可以緩解孩子的不安，舒服地入睡。

（6）辨別影響睡眠和有助睡眠的食物。

大家都知道汽水、巧克力等含咖啡因的食物會影響睡眠。除此之外，披薩、炸物等油膩食品，冰淇淋、糖分高的飲料、水、起司、番茄等也都會影響睡眠。孩子如果在睡前吃太多，或者吃了不好消化的食物，睡覺時會感到不舒服，並且可能經常醒來哭泣。因此，睡前應該吃有助於睡眠的食物。花椰菜、杏仁、核桃等堅果，以及溫熱的牛奶、櫻桃、香蕉、生菜等，都是有助於睡眠的食物。學會分辨干擾睡眠和助眠的食物，就能有助於孩子的睡眠。

（7）白天進行適度的身體活動。

早上起床後盡可能接觸自然陽光、白天適度地運動都是有助睡眠的方法。如果白天睡太多，或者一直躺著沒有活動身體，可能會破壞睡眠的規律。為了有規律的睡眠，白天必須做適度的運動。此外，早上起床後充分曬太陽，可以分泌有助於睡眠的褪黑激素，獲得安穩的睡眠。褪黑激素會在睡眠時清除體內累積的毒素，幫助細胞再生，對於增強免疫力也很有效果。

除了上述的7種方法之外，父母（養育者）或老師也需要了解孩子的性格和偏好，為他們創造良好的睡眠環境。每一個孩子的家庭生活都不一樣，難免有孩子在幼兒園的午睡時間時睡不著，老師必須幫助這樣的孩子舒服地休息，或者提供不影響其他孩子睡覺、安靜的遊戲方法。

如同愛爾蘭諺語所說：睡眠是健康的開始，是可以帶來療癒效果的重要休息方式。因此，應該專注於睡眠教育，確保孩子能順利休息和確保睡眠時間，並且在孩子的成長過程中，注意睡眠模式是否有所改變。嬰幼兒時睡著後突然醒來哭泣，無意識做出動作，經常做惡夢並在夜裡睡不好，或者睡太久等，各種問題都可能發生。這時需要尋求專家的幫助，準確地了解狀況並進行管理。如果孩子沒有睡飽，第二天可能會沒有食慾，而飲食不規律可能造成疲倦而易怒。健康的睡眠習慣能為孩子創造最佳的身心狀態。

05

教導欺負朋友的孩子如何表達情緒

①朴熙洙（化名）用玩具打其他孩子的頭，老師搶走玩具給另一個孩子，讓他用玩具打熙洙的頭2次，接著老師握住拿玩具的孩子的手，用玩具側面打熙洙的頭2次、用拳頭打1次等身體虐待行為。

②朴素賢（化名）拉扯身邊孩子的手臂，老師用手掌用打他的手背8次，素賢因此哭了出來，接著老師用素賢的圍巾抹他的臉好幾次，素賢的頭因此往後仰，屬身體虐待之行為。

③韓敏朱（化名）拉旁邊孩子的圍兜弄哭對方，老師把坐在餐桌椅上的敏朱用力拉到面

前，然後反覆推開又拉回，用手捏他的臉頰等身體虐待行為。

④金秀英（化名）拉扯旁邊孩子的頭髮讓對方跌倒在地，老師用手掌用力打了秀英的左手約10次、右手約30次，他因此哭了出來。老師又抓住另一個孩子的手，讓他打秀英的頭3～4次。接著把秀英推倒後以手用力推額頭，讓他的頭因此往後仰等身體虐待行為。

⑤趙圭民（化名）推了另一個孩子，讓兩個孩子一起摔倒，並且打了其中一個孩子的背，老師抓住其中一名孩子的手，在圭民身上打4次，屬身體虐待之行為。

6年前，有個媽媽同時照顧自己和朋友的孩子，由於朋友的孩子欺負自己的孩子，於是把朋友的孩子摔在地上致死，是一件非常令人遺憾的事件。瞬間所發生的事，卻鑄下無法挽回的傷痛。幼小的2～3歲孩子在玩耍時所做出的行為，為什麼沒有辦法容忍呢？「我的孩子被同班同學推打和抓出傷口，應該繼續送孩子去幼兒園嗎？」在全國的網路媽媽論壇裡，經常能看到類似的提問。的確如此，對於所有父母來說，如果孩子在幼兒園被其他孩子欺負，抓傷或捏傷等，即使一開始會想「孩子們玩的時候難免會這樣」，卻無法消除傷心的情緒。如果不只是一次，而是經常發生的話，必然更加不悅，可能會怪罪老師和幼兒園沒有保護孩子。相反的，收到老師電話告知自家孩子推打和抓傷其他孩子時，父母的心裡也不好受。

為什麼有些孩子會有攻擊性行為呢？在婆家幼兒園的犯罪紀錄中，加害老師集中虐待某一個孩子，仔細觀察監視畫面的話，可以發現這個孩子經常拉扯或推打其他孩子的頭，或是抓身體等欺負的行為。加害老師在制止這個孩子時，有時會讓孩子們互打，或者自己用蠻力壓制並虐待等，做出非常不恰當的行為。或許可以說，這些加害老師加強了孩子的攻擊性。孩子會有攻擊行為有多種原因，並且在發育過程中很常見。從14個月大開始到4歲左右，語言發展還不成熟時，無法順暢表達自己的想法，就會以各種方式來表現。尤其當感到煩躁或生氣，又無法清楚表達時，就可能出現攻擊性行為，除了性情溫順的孩子，大多數孩子都會有這樣的行為，專家們指出，當孩子對最親近的父母（養育者）展現攻擊性時，如果父母（養育者）沒有好好地教導，那麼孩子在幼兒園裡和其他孩子相處時也會做出攻擊行為。語言能力尚未純熟但是想要表達自己的情緒和想法，遇到不開心的情況、不想做的事情，或者想和朋友一起玩的時候，口語或肢體語言無法充分表達，就可能出現拍打、拉扯、抓揑等行為。如果這時候忽視且沒有適當地教育，孩子會做出更具攻擊性的行為，並且習慣於透過攻擊來表達，那麼就無法和其他孩子好好相處。

觀察具有攻擊習慣的孩子，會發現他們大部分來自暴力式教育的家庭，管教過程中經常被罵或壓制，要不然就是完全沒有管教和放任。過度保護孩子，也有可能加強攻擊性。然而，必須意識到當孩子表現出攻擊性時，急於糾正他們的行為而發怒是錯誤的教育方法。在這種情況下，比起把注意力放在孩子的錯誤行為上而生氣，更重要的是先讓孩子冷靜下來，並且掌握孩子的心思。之後再聆聽孩子的說法，並且用孩子能理解的語言，明確地說明絕對不可以有攻擊行為。在反覆的教育下，孩子會感受到被父母（養育者）或老師尊重，並且隨著語言能力逐漸發展，會選擇安全的表達方式而非攻擊。當孩子持續欺負其他孩子時，父母（養育者）或老師可能會不知所措，或是不知道如何管教而苦惱。此時，我們應該先解讀孩子所傳達的訊號，找出導致行為發生的原因，然後再進行糾正，這才是可以消除孩子攻擊性的方法。

孩子做出攻擊行為，有可能單純是出於好奇心。孩子推打其他朋友時，有可能是好奇那麼做會有什麼結果，或者是因為有壓力而生氣或煩躁，但是表達能力還不成熟，因此以攻擊來表達。在情緒不安，為了自我防衛時也會有攻擊的行為。夫妻吵架、電視等影像媒體、父母（養育者）或老師的暴力管教等，都可能導致孩子模仿。除此之外，當孩子想要得到關心，或者缺乏同情能力和學習能力時，也會出現攻擊行為。當孩子表現出攻擊性時，最好先找出原因，並且盡快糾正。若是孩子欺負其他朋友的情況，應該立即把孩子帶開，先掌握孩子為什麼那麼做的原因，告訴孩子可以理解他的心情，但是他的行為可能會讓朋友受傷，接著教導孩子如何以口語或肢體來表達。為了讓孩子能夠接受並理解，也有必要模仿朋友的疼痛反應或是以表情來說明。換句話說，當孩子試圖用捏掐搶走其他孩子手中的玩具時，立即將孩子帶離現場，先以「你想一起玩玩具啊」傳達理解孩子的心思，接著看著孩子的眼睛說：「但是我們不能讓其他小朋友受傷，打人是不對的，那樣的話小朋友會痛。」然後再次說明與示範如何以語言和動作表達「讓我一起玩吧」、「請給我」。

父母（養育者）或老師想要掌握孩子的心思，必須先關心他們，並且持續教導如何透過語言和動作來表達需求。當孩子出現攻擊性時，應立即適當地讓他們認識到那是不正確的行為，讓他們明白推擠、打擊、抓傷等使用肉體力量的行為是不好的。透過這樣的方式，才能夠為孩子打造能夠用語言和肢體表達的環境，以表達來取代攻擊行為。如果這麼做之後攻擊情況仍然持續發生，就應該檢視父母（養育者）的養育環境和生活，以及幼兒園環境等，並且一起討論找出解決辦法。

有口語表達能力的6、7歲階段，或是在愛與關懷中成長的孩子也可能會有攻擊行為，這時必須立即讓他們領悟到自己做錯了，意識到暴力是不好的，以及如果攻擊別人會影響到和小朋友的友誼。此外，藉由運動或戶外活動來釋放多餘的能量，也是消除攻擊性的方法之一。父母（養育者）或老師應該關心孩子的行為，並且努力為孩子提供學習和分享的經驗。

沒有從一開始就做得好的人，都是在嘗試和學習的過程中，隨著時間和努力逐漸變好。即使糾正孩子的行為後沒有立即見效，也請不要放棄。孩子在成長過程中，會透過成年人的教導和啟發，一點一滴地了解可以和不可以做的事。

06

以堅定態度教導會咬人的孩子

① 金在旭（化名）用力咬了另一名孩子，趁著A老師安撫被咬的孩子，在旭離開走到別處，B老師抓住他的手臂讓他坐下，並做出用手打他的嘴巴10次、打手2次，再把他帶到角落訓斥等身體虐待行為。

② 吳秀京（化名）咬自己的手，老師試圖拉開他的手時沾到了他的口水，老師用秀京的衣服擦拭，他哭了出來，老師便拉扯他的圍兜1次，掐他的右肩並拉扯衣服，再次用力掐他的手臂，屬身體虐待之行為。

③ 韓勝熙（化名）做出想咬另一名孩子的動作，老師用手掌打他的嘴巴5～6次，屬身

體虐待之行為。

在某個知名的媽媽論壇中有一則貼文寫著：「幼兒園裡有一個小男孩經常咬我女兒，女兒的背部、臀部都有瘀青。女兒已經在幼兒園被這個男孩咬了5次以上，今天還被咬傷臉，必須到皮膚科敷藥。我家養的小狗都不會亂咬人，為什麼他這麼愛咬人呢？我不知道該對幼兒園說什麼，或者該對男孩的媽媽說些什麼。考慮到是孩子之間的事，我女兒也可能會犯同樣的錯，所以沒有追究，但是男孩一直咬人，我不確定是否應該讓女兒去幼兒園。請問這種情況應該怎麼處理才適當呢？」

閱讀這篇文章時，身為兩個孩子的媽媽，我非常能夠感同身受，文章如實傳達了孩子持續的行為所造成的困擾。我家女兒在幼兒園也經常被咬，每次回家看到她的傷口、幫她塗藥時，心裡都很痛苦和傷心，但是只能隱忍。相反的，女兒也曾咬過其他孩子，我至今還記得當初打電話向老師和孩子父母道歉的事。女兒在快要週歲之前，經常被其他孩子咬，也經常咬其他孩子。我的手機相簿中仍然儲存孩子大腿後側有明顯咬痕的照片。送孩子去幼兒園時，心裡都會想如果又發生同樣的事情，該怎麼辦呢？每天都在擔心，卻不得不送孩子去幼兒園，因此我非常了解父母憂慮的心情。面對這種情況該如何明智地處理，應該是所有父母的煩惱。即使我每天早上都叮嚀孩子「不能咬人。小朋友咬你，你會痛痛，你咬別人，別人也會痛痛，所以不能咬人」，但一個不到週歲的孩子，不可能聽得懂。

孩子在長牙齒的時期，牙齦會發癢，為了緩解會想要咬東西。這是口腔期的自然現象，屬於發育過程，但是必須以堅定的肢體語言和表情告訴孩子，絕對不能咬自己或其他小朋友。若是因為這個時期的孩子模樣很可愛，認為也才只有幾顆牙齒，真的會把別人咬傷嗎？或者覺得這只是發育過程的一部分沒有關係，事情過了就算了，那麼孩子就會養成咬人的習慣。咬人一旦變成習慣，孩子會開始用咬人來表達情緒。在口腔期之後的咬人行為，必然有明確的原因，必須好好地觀察。從週歲以後開始，遇到口語無法表達、生氣或者有壓力時，孩子可能會不自覺地咬人。此外，被朋友拿走玩具、想要拿朋友的玩具，或者感到不安，以及渴望父母（養育者）或老師的關心，也可能出現咬人的行為。對於緊張不安或者膽小的孩子來說，咬人是保護自我的方式。對於各種原因所造成的咬人行為，只要堅定地教育，就能及時改正孩子的行為。那麼，對待咬人的孩子，應該怎麼做才是適當的教育方法？

（1）在咬人行為的當下，以一貫的教養態度堅定地教育。

如果教育態度不堅定，孩子會養成咬人的習慣。即使進入能夠以口語表達的幼兒期，每當生氣或者無法控制情緒時，把別人咬傷的情況也很多。

因此，從孩子的口腔期開始，只要發生咬人的錯誤行為時，應該立即並且當場糾正，以堅定的語氣、表情和眼神等，以一貫的態度教育孩子絕對不可以咬人。必須讓孩子知道，即使只是輕輕咬，對方也會感到疼痛，以及任何情況下，都不允許做出讓別人受傷害的行為。如果父母（養育者）或老師的教育態度一致，並且進行堅定與重複的教育，孩子會意識到咬人是不對的，並且迅速改正。

（2）先充分滿足孩子的需求。

孩子在語言能力發展成熟之前，無法用口語、動作和表情來表達想法，可能因此而感到焦躁。在孩子出現咬人的情況之前先滿足孩子的需求，是解決咬人問題的方法之一。孩子在咬人之前，可能會先對父母（養育者）或老師發脾氣，或者無理取鬧等，這些或許是他們求助的訊號。在孩子36個月大之前，必須集中注意孩子的行動，並且了解他們有什麼需求。

（3）**教孩子以機器人或玩偶玩角色扮演。**

能夠控制情緒並且有同理心，是6歲以後才會開始逐漸發展的能力。在此之前，除非父母（養育者）或老師告訴孩子咬人是不對的，否則孩子無法意識到不能咬人。以機器人或玩偶玩角色扮演，呈現咬人和被咬會有什麼感受，孩子可能更容易理解和接受。

（4）**當孩子咬人時，不要做出誇張的反應。**

孩子可能因為想要引起注意，或者認為對方的反應很有趣而反覆做出咬人的行為。孩子可能會認為咬人才能引起別人注意，這種情況下必須以冷靜的態度，告訴孩子不可以咬人，而不是過度反應。因為對方尖叫或疼痛的模樣很有趣，所以才咬人也是經常發生的情況，這種時候必須以堅定的語氣、眼神和表情，讓孩子知道絕對不能咬人。

（5）**給咬人的孩子「戴口罩」等預防措施。**

近來受COVID-19疫情的影響，在幼兒園裡也要戴口罩，聽說生活中持續戴口罩，咬人所導致的問題有所減少。我家女兒出現咬人行為時，當時大家對戴口罩的生活方式還很陌生，我為了教導孩子不能咬人，曾經藉由暫時戴口罩的方式來矯正。女兒咬人的行為很快就停止，似乎明白咬人是傷害別人的行為，並且學會用手勢或簡短的字詞來表達，因此得以迅速改正。

（6）絕對不能用「以牙還牙」的方式來教孩子。

父母（養育者）或老師為了讓孩子知道被咬會痛，因此也做出相同的咬人舉動，或者告訴被咬的孩子「你也咬他」，只會讓問題行為惡化。由於孩子是受父母（養育者）或老師教導而成長，如果試圖以錯誤的方法進行矯正，孩子可能會認為我也可以咬人，並且因此養成習慣。如果教育方式有誤，孩子在進入小學之後，生氣或者不如心意時仍可能以咬人來表達情緒。我們應該用溫柔但堅定的語氣教育孩子，而不是以咬人的行為反制。

（7）使用固齒器等玩具。

孩子開始長牙齒時，由於牙齦發癢，所以會透過咬東西來舒緩，並且藉此穩定情緒。在這個時期，孩子也會為了探索玩具或物品，出現啃咬的行為，從而熟悉咬的感覺。這時可以在家裡使用安撫奶嘴或固齒器等玩具，並且帶去幼兒園使用。這些安撫用品可以讓孩子有安全感，並且緩解緊張情緒，有助於解決咬人問題。

（8）教導溝通的方式。

在孩子的語言能力還不成熟的狀態下，當他們想要拿朋友的玩具，或者被朋友拿走玩具時會不知道該如何表達。我們應該教導孩子，想要拿玩具時伸出手說「請給我」，或者當玩具被搶走時搖頭說「不能給你」、「不要」等。一旦發現孩子想要咬人，應該立即制止，並且教孩子以簡單的字句或表情等來表達需求。隨著語言能力在36個月大以後發展成熟，孩子咬人的行為也會逐漸減少。

（9）了解孩子的性情。

膽小、不安或防衛心強的孩子，可能認為咬人能夠保護自己。當他們為了保護自己而進入警戒狀態，就可能產生咬人的行為。這種情況下，應該讓孩子處於舒服的環境，並且根據孩子的性情來處理咬人的行為。父母（養育者）或老師應該仔細觀察並討論孩子的這些特性。

（10）確認孩子的發展階段。

每個孩子都有不同的成長進度。我家老大是12月出生的，即使現在已經是小學二年級，身體和情感發育還是比其他孩子慢。就像這樣，有些孩子長很快，有些則慢慢成長。當孩子的發育相對緩慢時，可能會因為壓力而出現咬人的行為。父母（養育者）或老師應該關心並掌握孩子的情況，讓孩子能夠適應與其他孩子相處的方式，並且一起合作仔細觀察孩子的成長進度。如果判斷孩子的發育明顯落後，則有必要諮詢專業人士並接受治療。

孩子無法從一開始就知道咬人是不好的行為，他們在出生、開始喝奶之後，藉由父母（養育者）或老師的反應，一步步學習。如果在幼兒園中發生咬人的情況，父母（養育者）或老師都應該積極介入，協助孩子改正。無論是咬人的孩子還是被咬的孩子，了解他們並且導向正途都是大人的責任。

07 用力擁抱會動手打大人的孩子

①尹俊書（化名）打了老師後，老師抓住其右手，以手掌用力打2次，推身體3次，屬身體虐待之行為。

②老師抱著哭泣的蘇恩熙（化名）安慰，他用右手打老師的鼻子，老師便用手掌用力打他的右手8次，接著抓住他的右手打臉，屬身體虐待之行為。

③李敏俊（化名）躺在A老師的膝蓋上耍賴，老師拉扯他的腳，使他的頭撞到地板。B老師抱住敏俊時他用雙臂打B老師的身體。B老師以雙手掌用力打他的身體6次，屬身體虐待之行為。

④吳民秀（化名）朝老師丟拖鞋，老師便用拖鞋打他的腳，他抬腳踢向老師時，老師抓住他的腳，往地上壓7次並猛力把他推倒。老師又抓住他的腳，往地上壓8次，用手打他的頭和手臂。民秀伸手反抗，老師抓住他的手推向旁邊的架子2次，又推他的身體，屬身體虐待之行為。

在韓國忠清南道天安市，一名幼兒園老師涉嫌打31個月大的孩子，被依兒童虐待立案偵辦。老師聲稱是孩子先打他所造成的，這是想以互毆來主張正當防衛嗎？在保育教師的網路論壇上，可以看見許多關於「孩子打老師」的文章。對於這一類的問題，大部分的資深老師認為「氣勢上必須贏」，甚至有人留言說「若被孩子打了，我一定會將傷口拍照和錄影存證」。其中最令人心痛的留言是：「就算想管教孩子，也擔心被認為是虐待，所以乾脆忽視，我都隨他們去啦。」在了解對方的立場之前，無從得知其真正的想法。我無意要批評這樣的老師，只是想針對如何教導打老師的孩子，以及若是在被孩子打，瞬間想發怒的時候應該如何控制情緒等，試圖提供解決的方法。

如果在我經營的補習班裡，小學一年級的孩子朝我走過來，故意揮拳打我，我會覺得沒關係嗎？當然不會。我曾經和3歲大的女兒一起睡覺，孩子翻身時腳踢到我，我從睡夢中驚醒後坐在床上發呆。如果不是這種無心的失誤，而是孩子因為生氣或不如意而打父母（養育者）或老師，任何人都會傷心。保育教師的網路論壇裡指出，孩子生氣的時候會用腳踢、用手捏和抓，甚至也有掐脖子的情況發生。力氣大的孩子，老師在制止他們時會覺得費力，如果在制止時孩子因此受傷，也有可能造成虐待的誤會。即使如此，我們不是父母（養育者）或老師嗎？正確地教育孩子是我們的責任，因此重點應該放在如何導正孩子的錯誤行為。

前面已經提到，有攻擊性的孩子大部分是口語能力不足以表達情緒。此外，漠不關心或暴力的養育態度，會讓孩子模仿攻擊行為。暴力行為也可能是因為社交能力不好、情緒調節能力差或者有情緒障礙，因此應該仔細觀察孩子，迅速找出原因並且進行教育。萬一孩子在無法控制情緒下攻擊父母（養育者）或老師，絕對不要回應孩子的行為，發出「哎呀」的聲音或疼痛的表情，或者類似害怕的反應，因為這些都可能誘發孩子的興致。應該用堅定的表情和語氣，強硬地告訴孩子「不能打人」，然後緊緊抱住孩子。等孩子冷靜下來後，試著告訴孩子「在你心情變好之前，我會陪著你」。

由於孩子是藉由身體動作來表達情緒，因此在這種情況下，最重要的是理解孩子的心。先掌握孩子為什麼有攻擊行為之後，透過「你一定很難過吧」、「原來你想要那個呀」、「你想那麼做呀」等，快速了解孩子想要什麼、處於何種情緒。孩子光是看到父母（養育者）或老師關心自己，心情就可能平靜下來。

接下來，教孩子如何用口語表達情緒。嬰幼兒逐漸學會說話之後，攻擊傾向會自然消失，但是6歲大之後必須學習控制情緒的方法，以及能夠同理和體貼別人。如果不反覆教導孩子用口語表達情緒，他們成年之後可能仍然以暴力方式來表達情緒。此外，當孩子冷靜下來時一起聊聊被打的人會有什麼感受，再次堅決地教導絕對不可以打人。若是出現前述的犯罪紀錄一樣，使用力量壓制或毆打，只會加強孩子的攻擊傾向，加深孩子打人也沒關係的認知。

尤其是命令式的「不可以」、「不要」等壓制，可能會讓孩子更加反抗。在說「不可以」、「不要」之後，必須解釋為什麼不可以，孩子才能夠理解。即使孩子打了父母（養育者）或老師，也需要理解並認可孩子的心情。在這裡最重要的雖然是理解孩子的情緒，但也必須明確地約束不當的行為。父母（養育者）或老師必須指出錯誤之處，並且明確說明基本原則和規範。在指出錯誤時，要用比平時更高的音調和堅定的語氣。調節音量在教育中有重要的作用，因此需要強而有力的語氣。

孩子若是在幼兒園打老師，家長必須和幼兒園一起教育孩子。當孩子打老師時，老師和父母（養育者）必須一起討論日後該如何處理。如果相同的情況反覆發生，老師和孩子都會很痛苦，因此需要注意並深入觀察，多和父母電話溝通避免產生誤會，並且記錄通話的內容，同時注意父母（養育者）的養育態度。孩子經常接觸暴力的影像或攻擊性人物，導致有樣學樣的情況，則需要告訴父母（養育者），並且鼓勵必要時諮詢專業人士。

接下來是當父母（養育者）或老師被孩子打時，如何面對並調節瞬間升起的怒火。與其將焦點放在孩子的錯誤行為上，一心想要糾正，不如先思考如何安撫孩子受傷的心，這樣心裡會更平靜。「不當的行為絕對無法容忍」的想法，只會讓父母（養育者）或老師的心裡更難受。重要的是從孩子的角度，而不是從成年人的角度來看事情。

我曾經請教同樣身為父母的心理治療師和諮詢師等專業人士，如何處理孩子讓父母生氣的情況。神奇的是，他們的回答都很相似。專業人士也是人，也曾經因為孩子的行為而生氣，他們建議在怒火上升時承認自己生氣了，藉由自我心靈控制冷靜下來，然後快速重拾平常心。這麼一來，這個可以調節情緒的方法會成為身體記憶，並且成為日後的處理模式，亦即要找到自己專屬的息怒方法。如果父母（養育者）或老師面臨難以控制情緒的情況，不妨試著暫時和孩子分開的「暫停法」。情緒過於激動時，多喝幾次水、數數字、深呼吸等，試著思考如何明智地處理情況等，都會有幫助。我們所面對的是柔弱且珍貴的孩子，有必要受這一時的情緒支配嗎？能夠正確地指導，培養孩子良好行為的，正是最親近並守護他們的父母（養育者）和老師。

「父母生氣時，孩子不會覺得父母是保護他們的長輩，而是必須對抗的對象。」

對所有的孩子來說，父母（養育者）和老師是健康成長中最重要的人，也是唯一能幫助孩子培養良好習慣的人物。為了幫助孩子擁有理想的生活，我們必須持續努力。

08

以正確的管教終結虐待

用手抓東西吃的孩子，請等待他們能夠使用餐具的時候。

①崔宇植（化名）想用手抓取餐盤上的食物，老師用拳頭打他的額頭1次，伸手用力推他，屬身體虐待之行為。

②孫敏希（化名）用手抓食物吃，老師做出拉住他的右手臂，用力搖晃身體6次，讓他哭出來等身體虐待的行為。

嬰兒在3個月大之後，會用手握住物品，並且反覆吸吮和啃咬，這是發育過程中會出現的本能行為。由於嬰兒還不太會使用湯匙或叉子，會想用手抓著吃，或者看到喜歡或想吃的食物時心急之下會用手。此外，嬰兒的感官系統很敏感，可能會抗拒湯匙這種堅硬的物品。然而，若在24個月大之後仍然不使用餐具，父母（養育者）和老師就應該教育。這個時候如果過分關注或者太兇，孩子可能會害怕吃飯時間，並且對食物產生抗拒。父母（養育者）和老師應該在用餐前幫孩子把雙手洗乾淨，並且打造舒適的用餐環境。關心用手抓東西吃的孩子，溫柔地教導：「要不要試試看用湯匙和叉子吃？」「使用餐具的話，手就不會沾到，很方便。」與孩子溝通，幫助並且告訴他們如何使用餐具，孩子自然會學會湯匙和叉子的使用方法，以及知道吃東西的時候要用餐具。因此，不要著急，耐心等待孩子能夠使用餐具的時候。

當孩子要求抱抱時，用愛擁抱。

① 楊旻浩（化名）哭著要求抱抱，老師用手推開4次，抓住他的雙臂，猛力讓他跌坐在地上，再把他轉過身用力打背部1次，旻浩因此哭了出來，屬身體虐待之行為。

當孩子心裡不安並想得到關心，突然覺得害怕，需要愛或疲倦時，可能會糾纏要抱抱。此外，身體活動能力比較弱，或者對接觸地面感到不適的孩子，也會要求父母（養育者）和老師抱抱。孩子討抱的原因雖然不同，但都是想在父母（養育者）和老師的懷中感受安全感。若是強悍拒絕，或者生氣回應擁抱的要求，孩子會認為自己沒有受到保護，並且因此感到挫折。若是父母（養育者）和老師一直拒絕孩子的抱抱請求，孩子可能會感受到負面情緒，產生情緒上的問題，例如社交退縮和憂鬱等。對孩子來說，最需要的是父母（養育者）和老師的愛。擁抱孩子並且盡量給予愛，孩子將會在安全感中成長，擁有開朗、喜歡與人交往的性格，以正面的心態看待世界。當孩子討抱時，用愛給予擁抱。如果是無法立即擁抱的情況，最好先舒緩孩子的心情，父母（養育者）和老師可以說：「現在沒有辦法抱你」、「因為害怕所以想要抱抱嗎」，以此安撫孩子的情緒。不要拒絕討抱的孩子，用愛擁抱他們吧。

打翻食物的孩子。每個人一開始都不熟練。

①黃秀敏（化名）喝豆漿時灑了出來，老師走過來用手掌拍打他的手背和肩膀，屬身體虐待之行為。

②金相俊（化名）打翻水在地上，老師大聲責罵，以握著衛生紙的手打他的下巴1次、

嘴巴2次，拉扯他的手臂離開餐桌。之後抓住他的手，要他自己用手打臉3次，屬身體與精神虐待之行為。

有誰從一開始就很完美嗎？每個人都是從媽媽的肚子裡生出來，在這個艱難的世界上，依照大人所教導的，一步步地學習並成長。孩子在學習生存能力時，必須有父母（養育者）和老師毫不保留的愛，才得以成長。然而，如果因為食物打翻而對孩子生氣，引發孩子的羞恥和挫折的話，那麼孩子不光是進食，在其他方面也會有消極的行為。每當我的兒子在幼兒園裡打翻食物時都會被老師罵，這件事我們是在幼兒園虐待事件爆發後，進行心理治療時才獲知。或許是這個原因，他在家裡經常要求我餵他，吃東西時總是小心翼翼。兒子上了小學之後，也經常在進食時掉落食物。每當這種情況發生時，他會瞪人眼睛看著我，我會說：「沒關係，嚇到了嗎？把飲料放在這邊好像就不會灑出來，和媽媽一起清理好嗎？」告訴他解決的方法。這麼一來，孩子會表情平和地說「媽媽我來擦」，並且去拿紙巾自己開始收拾。

當孩子打翻食物時，如果父母（養育者）和老師告訴他們如何處理，孩子就能學會犯錯之後的應對方法。每個人一開始都很笨拙，相較於成為一個完美的孩子，能夠自己克服困難，成為具有成就感和自尊心的孩子可能更好。

爬到高處的孩子，請教導分辨危險和安全之處。

①金雅美（化名）想爬上生日派對的講臺，A老師把他帶走，B老師跑過去推雅美的肩膀，並將他推倒，屬身體虐待之行為。
②申敏林（化名）想爬到沙發上，老師抓著他拉了下來，他的頭因此撞到地板，屬身體虐待之行為。

當孩子的行動範圍逐漸擴大，好奇心和探索慾也隨之增加，爬到高處的舉動是想要擴展自我的領域，獲得成就感和滿足感。這是孩子透過各種經驗，探索自己可以做什麼的過程。然而，即使是6歲以上的孩子，空間能力還沒有發展成熟，對危險的認知仍然不足。當孩子想爬到高處時，父母（養育者）和老師應該注意孩子的行為。如果孩子爬到危險的地方，幫助他們安全地下來，「爬上去很危險，如果從那裡掉下來可能會受傷，所以不要爬上去」，清楚說明危險的狀況。

此外，尊重孩子想要爬到高處的欲望，可以準備攀爬架或溜滑梯等遊戲設施，教孩子區辨安全的高處和危險的高處，務必反覆透過書或影片等方式教導。在確保孩子不會受傷的前提下，與其壓抑和限制孩子，不如引導孩子在安全的高處攀爬，讓他們感受成就感和滿足感。

與愛跑跳的孩子一起建立規則吧。

①李秀美（化名）在教室裡亂跑，A老師一把他帶出去，B老師就敲他的頭2次，抓住他的頭搖晃，屬身體虐待之行為。

②朴采敏（化名）在教室裡跑跳，老師用力拉扯他的左手臂，讓他坐在地上後，用手掌打他的大腿1次，屬身體虐待之行為。

③老師用手推了跑跳中的崔成柱（化名）的後腦勺使他摔倒在地，屬身體虐待之行為。

④金美愛（化名）在教室裡亂跑，老師叫他過去，抓住他的右臂讓他坐在面前，接著用同樣的方式要其他孩子坐在美愛旁邊。老師打美愛的手1次，脫掉他的紅色襪子再打手1次。旁邊的孩子一伸手握住腳上的襪子便被老師打手1次，脫掉他的襪子並用腳踢他，屬身體虐待之行為。

6歲以下的孩子因為注意力不集中，難以靜坐不動，總是忙碌地四處移動。充滿活力的孩子整天跑來跑去，有時候會摔倒或受傷。由於孩子沒有思考和判斷能力，因此需要好好教導可能會發生危險，並且一起建立規則。孩子在上課時間、用餐時間或公共場所跑跳，應該冷靜並明確地向孩子說明情況。

如果父母（養育者）和老師在這種情況下發怒，以蠻力制止的話，孩子可能會產生敵意和反抗心理，做出更危險的舉動。沒有試圖了解情況，只想以力量壓制，可能會引起更大的負作用。因此，有必要提前向孩子解釋哪些地方不能跑跳，並且清楚說明理由：「跑跳可能會妨害別人，撞到東西的話，東西會摔破或壞掉。最重要的是你也可能會受傷，所以最好慢慢走。」

帶著孩子前往公共場所時，應該準備玩具或畫具，並且建立簡單的規則，例如不能跑跳。這樣孩子會為了遵守規則而努力，並且區分可以跑和不可以跑的地方。當然，孩子不可能一下子就改變，但是反覆教導，並且在看到孩子的努力或者行為有改進時，給予稱讚和獎勵，會更有效果。也有必要讓充滿活力又好動的孩子，在安全的場所盡情奔跑遊玩、釋放精力。

不想穿衣服的孩子，需要接納和尊重。

①申承熙（化名）不想穿外套，老師用右腳踢他的腳3次、屁股1次，用手推額頭1次。

由於我家女兒每天早上都不想穿衣服，所以我能夠理解「孩子不想穿衣服」時的心情。女兒的體溫偏高，睡覺時也會把被子踢掉。因此，即使冬天仍喜歡穿輕薄的衣服，下雪天外出時也不願意穿外套。女兒是比較有主見的孩子，如果不想穿的話，無論怎麼說服都要照自己的意思穿。像這種體溫偏高或是主見強的孩子，會執意穿自己喜歡的衣服；敏感性皮膚、對觸感敏銳，或者覺得多層次穿法不舒服，以及不方便穿和脫的衣服，孩子都有可能不願意穿。不管孩子屬於哪種類型，理解並尊重孩子對衣服的感受，並且消除與衣服相關的不舒服是最好的方法。

如果孩子覺得衣服不舒服，可以準備質感柔軟且尺寸稍大的衣服，讓穿脫更舒適。此外，讓孩子親自觸摸和試穿後再購買也是好方法。如果孩子在寒冷的冬天穿薄衣服，或者在炎熱的夏天穿厚衣服，應該向孩子好好說明，教導適合的穿衣方法。如果孩子始終堅持，就讓孩子感受一下寒冷和炎熱吧。讓孩子有機會自行感受和領悟也很好。與安全相關的行為需要堅定強硬的教育，穿衣服則採取接納和尊重。

就像成年人若是穿了不喜歡的衣服，一整天都不舒服一樣，孩子不喜歡穿某些衣服也有他們的理由。如果孩子在幼兒園裡不願意穿外套，應該如實告知家長，而不是強迫孩子穿上。

拒絕吃藥的孩子。

① 朴炫旻（化名）不願意吃藥，老師強迫他躺在膝蓋上試圖餵藥。他踢腳掙扎，老師壓住他的額頭餵藥後，用拳頭打他的頭1次，屬身體虐待之行為。

很多家長（養育者）和教師吐露，最困難的是孩子拒絕吃藥。生病的孩子不吃藥，自然令人擔心，即使強迫孩子張開嘴巴也要餵藥。然而，這麼做只會讓孩子更害怕並抗拒藥物。我家孩子也很討厭吃藥，所以我嘗試過各種方法。用注射器把藥液滴到舌尖，用湯匙餵，把藥混入果汁中，或是使用餵藥勺、餵藥奶嘴等創意商品。我也曾經拜託醫生開味道好一點的藥物，以及將藥物混入巧克力糖漿。對兒子用湯匙、給女兒味道好一點的藥，他們對藥物的抗拒才消失。

孩子抗拒吃藥，似乎大多數是不喜歡藥味，以及被強迫餵藥的痛苦經驗。除了藥物之外，也可能曾經被強迫吃某種東西，留下負面的印象，因此對藥物產生厭惡。遇到這種狀況時，可以和孩子一起玩醫病遊戲，開立處方箋，再將孩子最喜歡的飲料裝在藥瓶中；讓孩子再次擁有正面的回憶也是方法之一。先在家裡了解孩子為什麼不願意吃藥，並在送孩子去幼兒園時告訴老師。和老師溝通，不強迫孩子、同理孩子的感受再餵藥，孩子的抗拒就會逐漸消失。強迫孩子只會加重抗拒，無助於改善情況。最需要的是為了解孩子而努力。

玩水的孩子。

①朴昌亞（化名）開著水龍頭玩水，老師走過去抓住他的手敲水龍頭，再把他拉走，途中停下來用右手掌打他的嘴巴，使他的身體向後仰，又用手掌打他的嘴巴和左手等好幾次，屬身體虐待之行為。

②金宇美（化名）在玩水，老師把他帶走後，用手掌打他的手和腳掌，脫下他的襪子丟掉，宇美想走開，老師擋住讓他沒辦法動，在他眼睛前面拍手並吼叫，屬身體虐待之行為。

把剛出生不久的新生兒放入水中，即使沒有任何裝備，即使他們從未學習游泳，也會表情輕鬆地划水，模樣看起來比在外面更舒服，可能是因為他們記得在母親的羊水中度過10個月的安全感。或許因為這樣，大多數的孩子都非常喜歡玩水。每到夏天游泳池就擠滿了孩子，也有孩子在家裡或幼兒園裡打開自來水，把水裝進杯子裡再倒掉，反覆玩好一陣子。在下雨的日子，有孩子故意把腳踩入水坑想要發出嘩嘩聲，而打翻的牛奶對孩子來說成為觸感的玩具。孩子把眼前發生的所有情況，都視為好奇心和探索的對象。

在這種情況下，家長（養育者）和老師比起強力制止孩子玩水，更應該告訴孩子現在不是玩水的時間，衣服可能會濕掉，也會妨害到其他小朋友。此外，也需要經常教育孩子，雖然玩水遊戲很有趣，但是不能浪費水，水是人類最重要和珍貴的資源，缺水會造成生活上的困難，可以藉助書籍、影片、人偶劇等讓孩子理解。

如同以上所述，因為孩子打翻掉落食物、在教室裡亂跑、要求抱抱、拒絕吃藥、用手抓東西吃等理由，加害老師給予孩子無法抹滅的痛苦。受到傷害的孩子自然不必說，受害孩子的家人因為後遺症，至今仍然痛苦度日。全國人民都應該知道，這樣的事情絕對不能再發生。父母（養育者）和老師必須培養對孩子的理解和同情，必須牢記孩子是需要教導的對象，切勿從成人觀點來解讀孩子的行為。孩子為什麼那麼做？當我們能夠理解孩子立場，怒火就會在那一瞬間消失。

Part 4

家庭中
發生的虐待

01 不再安全的家

1998年的英勳姊弟事件，首度讓韓國的兒童虐待事件浮上檯面。6歲的英勳因為無法控制大小便，遭到親生父親和繼母用熨斗虐待，身上滿是明顯的燙傷痕跡。此外，腳底被鐵筷子戳到雙腳浮腫、餓肚子、毆打等虐待是家常便飯。更令人震驚的是，英勳死亡已久的姊姊被埋在家中前院。解剖姊姊的屍體發現，胃裡沒有任何食物，看起來似乎是被餓死的。

之後，1999年電視節目《想知道那件事》播出申愛事件，揭露兒童虐待的嚴重性，引起許多民眾的憤怒。申愛罹患治癒率相對較高（80%以上）的小兒癌症，但他的父母只相信宗教療法，拒絕其他治療，結果孩子的腫瘤越來越大，最終痛苦地死亡。這兩起事件促成兒童福利法在2000年首度修正。只有在失去珍貴的孩子之後，成年人才開始關心兒童虐待問題。

然而，2013年又發生漆谷的兒童虐待事件，繼母毆打繼女，繼女雖然哭訴肚子痛也沒有送醫，最終導致駭人聽聞的死亡事件。此外，繼母甚至迫使另一名繼女做出「我殺了妹妹」的虛假陳述。除了繼母，父親也對孩子們施加暴行，整夜不讓孩子睡覺、勒頸、強迫吃下沾有排泄物的衛生紙等，各種殘酷的虐待。接著，蔚山市一名同居的繼母，因為孩子想參加學校的郊遊，無緣無故暴打孩子，造成16處肋骨碎裂，結果傷到肺部而死亡。之前孩子的頭就曾被打到差點致死，大腿也曾被踢到腿骨碎裂，甚至還有燙傷等不堪想像的虐待。像這樣的長期虐待導致臀部的肌肉萎縮和纖維化，引起許多人憤怒。這是多麼殘酷又令人心痛的事啊？

對孩子來說，父母就是他們的全世界，然而這個世界只讓他們感受到痛苦，無法想像他們有多麼恐懼和害怕。這兩起事件，促使懲治虐待兒童特別法在2014年修正，以及兒童福利法部分修正。蔚山的兒童虐待事件首次適用殺人罪，兒童虐待者最重處無期徒刑，剝奪父母的監護權等，以前所沒有的條款也因此產生。

即使如此，虐待並沒有終止，從蔚山的一名領養孩子被養父母虐待致死開始，富川市的一名小學男生被父親殺害、分屍並棄屍，而到同一年發現中學女生骨骸，追查後發現曾經擔任牧師的父親和繼母對孩子施暴致死，棄置一年完全不理會。平澤市的一個孩子因為尿失禁，被父親和繼母關在冰冷的浴室裡，又對身體噴灑清潔劑，孩子死亡之後，將屍體棄置在陽臺，最後帶到山上掩埋。還有一名7歲的孩子，被曾經是空軍軍人的叔叔用抓癢棒毆打60多次後死亡，以及天安市一名繼母把孩子長時間關在行李箱裡，又站在行李箱上跳躍等惡劣舉止，孩子被發現時已經沒有心跳。

遭受養父母殘忍虐待，導致胰腺斷裂、後腦和大腿骨等多處骨折，像「鄭仁事件」一般引起全國人民憤怒的虐待事件仍然持續發生。想到在某個地方仍有孩子因為害怕而瑟瑟發抖就心如刀割。「鄭仁事件」雖然讓法律再次修正，但是虐待事件至今仍然時有所聞。最令人震驚的，是許多事件是在家庭中發生。對於孩子來說，家應該是最舒適、最可靠的地方，卻持續在此發生家庭虐待事件。為了根除兒童虐待，過去這段時間裡，在許多相關人士的努力和關心下，民眾對兒童虐待的認識雖然大幅提升，但是家庭內的虐待和遺棄卻在增加之中。

根據警察廳的調查紀錄，遺棄犯罪從2015年的41人，2018年增加到183人，呈現逐年增加的情況。專家指出，在家庭中發生的罪行，外界不容易知道，是難以曝光的隱藏犯罪，監護人可能謊稱孩子失蹤，或者以生病來隱藏虐待事實，因此實際上被遺棄的兒童人數應該更多。除了媒體報導過的事件，在家庭中發生的身體、精神、性虐待與疏忽和遺棄，約占虐待總數的87.4%。家庭中發生的虐待，以親生父母的58.4%最多，其中依序是母親12.9%、父親11.4%、再婚家庭5.5%、親戚1.9%、寄養家庭0.2%和領養家庭0.2%。

我們的社會普遍認為在家裡發生的是別人的家務事，因此不願意介入。現在應該改變這種認知了，若是懷疑生活周遭有兒童虐待，即使只有一點點，都必須深入觀察，確認後則應及時通報以拯救孩子。只有早期發現和積極介入，才能把孩子從危險中解救出來。為了讓每個孩子都能健康成長而不受傷害，所有成年人都必須協助。出生率逐年下降，兒童虐待卻逐年增加。儘管人們對兒童虐待的認知已經大幅提升，事實上仍然不足夠。家長（養育者）不能認為孩子是自己的財產，必須了解孩子的發育過程，以正確的養育態度來教育孩子。此外，家裡若是有虐待的代間傳承、養育的壓力、夫妻矛盾和不合、婆媳問題等，也不能讓這些壓力影響到孩子。若是有這些情況，必須尋求專業人士的幫助和治療，並且不應該對孩子有過高的期望或補償心理。

電影《逆倫王朝》是英祖和思悼世子的故事，描述家庭中兒童虐待的悲慘結局。英祖希望思悼世子成為完美的君王，卻從他4歲開始就施加精神虐待。長期的精神虐待導致思悼世子開始罹患精神疾病，喝酒之後做出不理性的行為，每天都痛苦度日，最後試圖殺害親父英祖，並且被囚禁而死亡。思悼世子臨死之前，留下令人心碎的話：「我所渴望的只是父親一個溫暖的目光、一句慈愛的話而已。」這部電影不是虛構的故事，而是歷史紀錄，因此更讓人心痛。像電影所示，比起看得見的傷口，受虐孩子所受到的心理創傷更深，會出現憂鬱、攻擊性行為，以及消沉或反抗行為、不安等心理上的後遺症。所有成年人都應該努力，讓虐待事件不再發生。所謂的家應該成為孩子堅實的避風港。

1 兒童應該健康出生，並在溫暖的家庭的關愛之中成長。
2 兒童應該攝取均衡的營養，接受疾病預防和治療，在明亮且乾淨的環境中生活。
3 兒童應該在良好的教育環境中，根據個人的能力和資質接受教育。
4 兒童應該承續燦爛的文化遺產，培養能夠創新和推廣的力量。
5 兒童應該擁有歡樂且有益的娛樂設施和場所。
6 兒童應該遵守禮儀和秩序，成為互相幫助、自我成長、承擔責任的民主公民。
7 兒童應該培養熱愛自然和藝術、探索科學的心態和態度。
8 兒童應該受到保護，遠離有害的社會環境和危險。
9 兒童不應該遭受虐待或遺棄，也不應該被利用於壞事和辛苦的勞動。
10 有身體或心理障礙的兒童應該接受必要的教育和治療，行為偏差的兒童應該接受輔導。
11 兒童是我們的未來和希望，應該成長為肩負國家未來、為人類和平做出貢獻的世界公民。

以上是由韓國童話作家協會制定、社會福利部在1957年宣布，並於1988年修正的憲章。這個宣言是全體成年人承諾保障並給予孩子身為人的權利和福利，身為成年人的我們必須再次確認，並且努力實踐。

02 家庭暴力檢查清單

兒童虐待的聲音和生活噪音沒有太大的不同。
請您稍微多點懷疑。
您的善意懷疑是必要的。

這是公益廣告協會預防兒童虐待的廣告。懷疑一詞可能會被認有負面的含意，但是我們必須認識到，在家裡所聽到的生活噪音，也許是某一個孩子懇切求助的聲音。如果單純視為生活噪音，毫不在意且漠視，可能會錯過保護某個孩子的機會。

就以不久前引起全國公憤的「鄭仁事件」來說，樓下住戶陳述在鄭仁死亡前一天，聽到類似啞鈴掉落的「砰」聲，並且多次感受到強力的震動。甚至平時也經常聽到女人一邊咒罵一邊丟東西的聲音。就像這樣，由於生活噪音和虐待聲音類似，因此即使是小聲音也需要留意。所有人都應該將保護兒童、發現兒童虐待視為切身之事，多一些關心並注意觀察。在兒童虐待事件中，及早發現比什麼都重要，若是懷疑或目睹虐待狀況，請不要遲疑應立即通報。人們的通報可以成為預防兒童虐待的有效策略。

那麼，兒童虐待的字面定義是什麼呢？兒童虐待是指包括監護人在內的成年人，損害未滿18歲兒童的健康和福利，或者妨礙正常的發育，身體、精神、性暴力或殘酷的行為，以及遺棄或疏忽照顧的行為。

接下來探討兒童虐待的可疑情況。

身體虐待的情況，在大腿內側、腋下、手掌、腳底、耳後、臀部、脖子等，相對來說不容易瘀青和受傷的部位發現傷痕，都可視為遭受虐待的徵兆。此外，4個月大以下的嬰兒若有瘀青和傷口，也有必要懷疑受虐，因為這麼小的嬰兒不會翻身或移動，除非是外力，否則不會形成傷痕。出現如皮帶、蒼蠅拍、尺、繩子、衣架等，和處罰道具一致的傷痕、菸蒂痕跡和熱水燙傷痕跡，也必須懷疑是虐待。如果孩子的年紀能夠口語溝通，詢問傷痕是怎麼來的，並且多次確認傷痕是否和肇因相符。如果孩子變得不安，或者出現受虐待的徵兆，都應視為可疑的狀況，並且留心觀察。反之，如果監護人對孩子的傷痕避而不談，或者隱藏傷口、說明不充分也應該懷疑。

性虐待是指以兒童為對象，所有涉及性的行為。當孩子表現出與年齡不符的性暗示行為，或者對於性過度關心，都必須懷疑是否存在性虐待。身上有因為抵抗而產生的瘀青和傷口，以及背上擦傷、陰唇部位出現灼熱感時也需要關心並觀察。此外，孩子坐下或行走困難，外陰部撕裂傷或頭痛、腹痛，換衣服時過度敏感、虐待動物、模仿性暗示的行為、過度順從別人、頻繁洗手或有飲食障礙，經常裸露身體、有自慰行為等，都必須懷疑是否有性虐待。如果證實是性虐待，不要立即幫孩子清洗或換衣服，先盡量採集加害者的精液等分泌物，再帶孩子去醫院接受治療，進行性病預防和緊急處理，必須竭盡全力保護孩子給予安全感，別讓孩子產生罪惡感或自責。

疏忽包括身體上的放任，例如孩子的營養和衛生狀況不好，或是在堆滿垃圾的房子裡生活，衣著不符合季節等。醫療上的放任，指孩子生病卻沒有接受治療，未接種基本的預防疫苗。教育上的放任，指沒有讓孩子上學，沒有接受義務教育等；另外還有遺棄孩子的行為等，都需要關心並深入觀察。被疏忽的孩子行動控制能力較弱，經常遲到和缺席，可能會有乞討食物或偷東西的行為。他們的發育比同齡的孩子慢，不僅健康狀況不好，可能也會有不安症狀、社會性退縮或看別人臉色等被動的心態。疏忽可能導致孩子各方面的退行，以及智商下降的狀況，日常生活中也會遭遇困難。

精神虐待是以言詞侮辱孩子、精神威脅、囚禁和強迫等行為。把孩子趕出家門、關在陽台、關燈鎖房門等，經常使用手機上的鬼怪或警察程式來嚇唬孩子，後悔生下孩子而怨恨或者使用敵對、蔑視的言詞等，都可視為精神虐待。特別是「為什麼和哥哥差這麼多？」等與手足和朋友做比較的行為，也屬於虐待範疇。父母對孩子的期望過高，迫使孩子熬夜念書、不准睡覺；帶孩子出入夜間禁止未成年入場的娛樂場所、朝孩子丟東西、命令孩子打朋友或兄弟姊妹；讓孩子目睹夫妻吵架或家庭暴力；指使在家裡霸凌某一個孩子等，都是精神虐待的行為，全體國民都應該意識到這一點。

媒體通常會報導嚴重和異常的兒童虐待事件，並成為一時關注的議題，但是有必要先有意識地關注精神虐待的問題。上述的精神虐待事例，都被判定為兒童虐待，判處徒刑和罰金。我們必須記住，遭受精神虐待的孩子，和身體虐待相比，可能會有更危險的心理後遺症。遭受精神虐待的孩子，可能出現嚴重的睡眠障礙或不良行為、退行等問題，還可能因為身體狀況不好，引發原因不明的疼痛和各種症狀。可能經常感到憂鬱，或有自殘的行為，和往常不一樣會迴避與成年人接觸，聽到其他孩子哭聲時變得焦躁或害怕。此外，如果孩子出現不斷吸咬東西的動作，就應該起疑心並且注意觀察。懷疑是精神虐待想要通報，請絕對不要因為界定模糊而猶豫，或者害怕被

事前檢查

認為自己目擊兒童虐待時，直接做以下檢查，確認
有兒童虐待徵兆後立即通報，給予幫助。

- ☐ 發現不像是意外所造成的瘀青或傷口。
- ☐ 兒童或監護人無法清楚解釋傷口和傷疤的由來。
- ☐ 監護人具有孩子不打不成器的想法，或者有使用體罰之情形。
- ☐ 兒童遭受監護人語言上、精神上的威脅。
- ☐ 有明顯的飢餓、營養不良、營養攝取不足情形。
- ☐ 穿著不符合季節的衣服，或者外表看起來不整潔。
- ☐ 放任兒童處於不整潔的環境或危險的狀態，沒有給予保護。
- ☐ 有可能是性虐待所造成的性疾病或者有懷孕等跡象。
- ☐ 有與年齡不相符的性暗示行為，以及廣泛且早熟的性知識。
- ☐ 頻繁缺課或者缺課的原因不明。
- ☐ 沒有給予必要的醫療護理，或者沒有接種預防疫苗。
- ☐ 顯現抗拒和害怕監護人，害怕回家（庇護機構）。
- ☐ 做出極具攻擊性或退縮等偏激的行為。

☑ 完成檢查

出處：兒童虐待保護112應用程式，2021年

反控誣告而不通報。

在韓國，兒童虐待通報的處理原則是根據公益通報者保護法，不僅不會揭露「公益的通報者」身分，受理通報後警察會出動調查，透過警察局查核清單進行確認。若是難以判斷是否為虐待的話，可以下載兒童虐待保護112應用程式，藉由簡單的查核清單進行確認，只要有任一項符合，即可視為有虐待的情況。比起害怕，通報更為重要。然而若是通報的資訊不足，可能會

和通報者進行電話確認；也請記住，如果進行虛假通報，可能受到刑法第13條「涉嫌妨礙公務執行」與輕罪處罰法第1條第5款「虛偽通報」處罰。

上一頁是兒童虐待保護112應用程式提供的檢查表。當懷疑可能有兒童虐待的情況，卻又感到難以斷定或者曖昧不明的話，可以在檢查確認後進行通報。只要有任何一個項目被勾選，不要遲疑，應立即通報。通報者應該提供姓名、聯絡方式，兒童的姓名、性別、年齡、住址，以及涉嫌虐待行為者的個人資料，如果有照片或影片等證據當然很好，沒有的話就以兒童遭受虐待的事由，透過112電話或兒童虐待保護112應用程式、當地兒童保護專門機構進行通報。即使上述的資訊都沒有也能進行通報，通報者可以接受祕密保護與不受損害保護，在調查報告書中可以使用假名而不揭露通報者的個資，以保護個人隱私。

通報者若擔心遭受報復，可以申請收容庇護或人身保護，並且在以關係人或證人出庭時，申請陪同等人身安全措施。發現可疑的兒童虐待情況後，透過112電話或兒童虐待保護112應用程式、當地兒童保護專門機構進行通報時，首先會被詢問起疑的狀況，這時只需確切地描述本人目睹的情形。例如，「我在學校前面的遊樂場裡，看到一個貌似媽媽的監護人虐待一個孩子。強迫孩子撿起掉落的食物並吃下，打孩子的頭，強行拖拉孩子的手臂離開。我認為這可能是錯誤的管教方式，所以來通報。」然後會被問及目擊地點和可能遭受虐待的兒童訊息，如果知道可以回答，不知道的話只需提供性別、大致年齡和發現地點即可。

接著是嫌疑人的資訊，如果知道可以回答，否則只需提供推測的資訊，例如「看起來朝某某方向走去」。最後是提供通報者的個人資訊，包括姓名、聯繫方式和住址，若是害怕或擔心身分曝光，可以再次強調希望個資受到保護。我認為如果所有成年人都能抱持善意的懷疑，對周圍的聲音多一些關心，挺身而出建立密實的社會通報網，就有可能改變成年人不當的行為。拯救受傷的孩子，需要成年人的勇氣。關心周圍的孩子，以及毫不遲疑的通報，可以將身處黑暗中的孩子，引導向明亮的世界。

撰寫《湯姆歷險記》的美國小說家馬克．吐溫曾經說：「當真相還在穿鞋時，謊言已走遍半個世界。」這意味著若是真相被掩蓋，謊言就需要很長的時間才有辦法被揭露。當我們猶豫是否通報時，孩子可能因為監護人施虐而陷入更孤立的處境，就像許多兒童虐待事件一樣，有可能直到孩子死亡後才發現真相。在兒童虐待事件中，需要我們的善意懷疑。如果發現可疑的虐待情況，請不要遲疑。再也不能發生犧牲小生命，無可挽回的遺憾。當所有人都對兒童虐待有所警惕，現在仍然無法終止的虐待，或許才有可能慢慢地煞車止住。

03 需要加入寄養家庭的保護

「鄭仁事件」曝光後，青瓦台國民請願留言板開始收到大量留言，包括「請吊銷給鄭仁開立不實診斷書的兒科醫生執照」、「請懲罰通報3次仍未能阻止孩子失去性命的無能警察，加強兒童保護法」等各種請願。在「鄭仁事件」中，警察局前後接到3次的兒童虐待懷疑通報，但兩次都讓他們回家，無法保護鄭仁而引起全國人民的憤怒。

因此，韓國兒童青少年精神醫學會和警察廳制定了改進兒童虐待現場調查的檢查表。過去使用的檢查表中，有許多項目可能造成混淆，難以確定是否有虐待情形，因此進行全面的確認和調整。現在，只要檢查表有1個以上相符就可視為兒童虐待，如果有2次以上的通報紀錄，或者是遭受性虐待或重傷，可以進行即時分離制度隔離加害者，並且檢討是否立案起訴。

「鄭仁事件」之後，為了保護遭受虐待的兒童，從2021年3月起實施即時分離制度，到12月為止，全國經由保健福祉部確認的案件，共進行1043次即時分離和1788次緊急安置。即時分離制度是若有再次遭受虐待的疑慮，需要進一步調查，可以在地方政府做出保護處置之前，讓受害兒童接受臨時隔離保護的制度。如果一年內有2次以上的兒童虐待懷疑通報，可以立即將受害兒童與父母分開，但這個緊急安置的保護時間是72小時。若是在72小時內未能確認受害情況，隔離保護即受到限制，因此當判斷需要延長保護受害兒童時，分離保護時間最多可延長到120小時，以彌補緊急措施中分離保護的限制。

即時分離制度實施後，招募危難兒童保護家庭的公告在國內廣發，然而到目前為止，尋找寄養家庭還是很困難，許多孩子實際上仍然被送到保護機構，而不是寄養家庭。具有保護家庭性質的家庭寄養制度，是讓處於虐待等危機中的兒童，能夠在一定的期間，在安穩的家庭環境中接受教育並成長的援助制度。由於孩子直到返回原生家庭之前，是在家庭氛圍中生活，相較於多人共同生活的保護機構，會更有安全感。這個制度已經在許多先進國家中成功施行，在寄養家庭中成長的孩子，能夠健康地成為社會的一員。

根據聯合國兒童權利公約第20條（無依兒童保護安置），美國、瑞典和英國等先進國家國已普遍施行家庭寄養制度。韓國曾經在1980年代施行，但後來停止運作，2000年再度試行，直到2003年正式開始。但是，至今許多韓國人對家庭寄養的了解仍然有限，因此招募困難，家庭寄養制度自然無法活躍發展。在韓國的家庭寄養制度中，優先順序是祖父母臨時保護的代理撫養，其次是8親等以內的親屬提供保護的親戚寄養；如果沒有直系親屬或者情況不允許，才透過寄養家庭進行臨時保護。

與數十人甚至多達數百人一起生活的保護機構相比，寄養家庭一對一的方式能做到更細緻的關心和保護，可以感受到家的安全感，對於受虐兒童來說比機構更適合。機構要保護多名兒童並且重視集體生活，不僅無法集中照顧某一個孩子，也沒有足夠的時間可以傾聽孩子的煩惱。此外，集體生活難以即時發現單一孩子的問題，因此對於受到成年人傷害的孩子來說，迫切需要類似寄養家庭這樣的保護家庭。從這一點來看，政府需要大力宣傳家庭寄養制度，同時增加對寄養家庭的支援。

目前為了招募寄養家庭已經進行了許多宣傳，但仍有必要繼續在各種媒體上宣導，以促進全體國民的理解。福利部雖然表明以家庭寄養安置為原則，但是根據2021年的家庭寄養保護現況報告書，4047名兒童中有42.2%被安置在養育機構，只有24.8%被安置在寄養家庭。此外，根據家庭寄養支援中心的調查，截至去年（2021年）底，共有1萬713個家庭保護了1萬3743名兒童；其中，交付祖父母代理撫養的有9164人，8親等以內的親戚寄養有

3586人，占所有家庭寄養的92.7%，而交付普通家庭的只有993名。

需要保護的受虐兒童人數持續增加，但沒有親戚的兒童大部分只能被送到機構，這就是目前的現況。我們需要關心這些孩子，尋找能夠增加保護寄養家庭的方法，並且持續關注。那麼，讓我們來了解什麼家庭才能參與危難兒童的家庭保護制度，以及需要進行哪些程序。

首先，所謂的危難兒童家庭保護，是為了讓與原生家庭隔離的受虐兒童，能夠在家庭的環境中受到安全且專業的保護，是從國外引入的制度。對象是0到2歲的受虐兒童，最久可保護6個月。寄養家庭必須是年滿25歲的夫妻，有適當的收入，認可兒童的宗教自由，擁有社會福利工作師、幼教師等專業資格證書，不得有犯罪紀錄和精神疾病，包括庇護兒童在內的子女總數為3人。若是符合所有條件，則接受專業培訓程序，並且在通過資格審查後成為寄養家庭。專業培訓包括了解保護家庭的角色、了解遭受虐待的兒童、兒童養育指導等，共20個小時的課程，並且通過資格審查。孩子被安置到寄養家庭後，政府提供支援費用，一般是每週25萬韓元，每個月約100萬韓元。一開始並有兒童用品購買費100萬韓元，以及意外保險費、心理檢查診療費、基本生活保障和緊急福利補助、家庭養育津貼和兒童津貼等。

然而，這不是全國統一的標準，由各個地方政府自行決定。各個地方政府有不同的補助，可以向兒童權利保障機構，以及各地的家庭寄養支援中心或公務人員進行申請並了解詳情。寄養家庭擁有保護孩子的決心當然最重要，但如果國家在財政上提供支援，就可以更專注並關心孩子，因此需要擴大國家的財政支持。

以成功施行家庭寄養制度的美國為例，政府從1960年代開始家庭寄養財政支援，建立堅實的體制。除了支援寄養養育費用之外，並有教育和治療計畫、尿布津貼、交通費、教育費等，各種醫療和教育上的支援。因此，美國境內像孤兒院這樣的機構幾乎已經消失，大多數是委託寄養家庭照顧。

韓國正在追隨先進國家的腳步，已經有許多改變，但與美國相比仍然不足。美國在做機構保護時會考慮到腹地、建築、營運費用等，盡可能提供充分的財政支持。包括蘋果創始人史蒂夫・賈伯斯、艾迪・墨菲、李奧納多・狄卡皮歐、瑪麗蓮・夢露、約翰・藍儂等，都曾經在寄養家庭中接受保護，並且成為世界知名人士。在美國，當父母面臨無法撫養孩子的情況時，國家有牢固的保護制度，保障孩子能得到公平的機會和支援。希望我們國家也能夠為受到傷害的受虐兒童，提供安全的保護家庭，讓他們知道世界是溫暖的。

希望大眾能夠多關注寄養家庭，並且一同參與，讓寄養家庭能占有一席之地。國家方面則需要意識到，與其以預算不足推託，倒不如承認好好地培養一個孩子可能更具經濟效益，並且是邁向福利社會重要的一步。

兒童福利法

第3條第6款「寄養家庭」是指將保護對象兒童交付沒有性犯罪、家庭暴力、兒童虐待、心理疾病等前科，符合保健福祉部令所訂定之基準的適合家庭，進行一定期限的寄養。

第15條（保護措施）

①市・道知事和市長・郡守・區廳長在管轄範圍內發現保護對象兒童，或接受監護人申請時，為了兒童的最佳利益，應依總統令所定進行下列各款保護措施。〈修正2014.01.28.〉

1 指派專責公務員或兒童委員對保護對象兒童及監護人進行諮詢和指導
2 進行必要措施協助監護人或願意代理養育的親戚得以在家中保護、養育兒童
3 將兒童交付願意保護兒童的人士進行家庭寄養
4 將保護對象兒童安置於適合其保護措施的兒童福利機構
5 需要特殊治療或療養的受害兒童，如藥物和酒精中毒，情緒、行為、發展障礙，性暴力、兒童虐待等，安置與入住專門治療機構或療養所
6 根據「領養特別法」進行與領養相關的必要措施

②市・道知事和市長・郡守・區廳長認為第1項第1款和第2款的保護措施不適合保護對象兒童時，

可進行第1項第3款至第6款的保護措施。在進行第1項第3款至第5款的保護措施之前，應對保護對象兒童進行諮詢、健康檢查、心理檢查和家庭環境調查。〈修正2016.03.22.〉

③市・道知事和市長・郡守・區廳長根據第1項進行保護措施時，應該制定保護對象兒童的個別保護和管理計畫進行保護，並且讓保護對象兒童的監護人能夠參與制定計畫。〈修正2016.03.22.〉

④市・道知事和市長・郡守・區廳長進行第1項第3款至第6款的保護措施時，應尊重保護對象兒童的意願，並且在監護人陪同下聽取意見。但兒童的監護人是懲治虐待兒童特別法第2條第5款中的兒童虐待行為者不適用。〈修正2014.01.28.、2016.03.22.〉

⑤市・道知事和市長・郡守・區廳長進行第1項第3款至第6款的保護措施時，必要時得根據第52條第1項第2款，讓保護對象兒童入住兒童臨時保護機構進行保護，或者交付適當之寄養家庭與適當的合格者進行臨時保護。於此情形，保護期間應進行保護對象兒童的諮詢、健康檢查、心理檢查和家庭環境調查，並考量結果而進行保護措施。〈修正2016.03.22.〉

⑥市・道知事和市長・郡守・區廳長應對轄區內可能引發藥物和酒精中毒，情緒、行為和發展障礙等問題兒童的家庭，採取適當的預防措施。〈修正2016.03.22.〉

⑦任何人均不得對根據第1項的保護措施和相關的兒童福利機構從業人員進行身體或心理威脅。〈修正2016.03.22.〉

⑧市・道知事和市長・郡守・區廳長應對願意提供寄養之家庭進行犯罪紀錄查核。於此情形，經當事

人同意後向相關機構負責人申請查閱警察刑事紀錄。〈修正 2016.03.22.〉

⑨ 寄養家庭支援中心負責人得請求市・道知事和市長・郡守・區廳長協助調查寄養兒童、願意提供家庭寄養之人、寄養兒童父母等人的身分等。市・道知事和市長・郡守・區廳長若無正當理由應依該請求辦理。〈修正 2016.03.22.〉

⑩ 第2項和第5項之諮詢、健康檢查、心理檢查和家庭環境調查，第8項查閱警察刑事紀錄，第9項申請確認身分的程序和範圍等必要事項以總統令定之。〈修正 2016.03.22.〉

第48條（寄養家庭支援中心設置等）

① 市・道知事和市長・郡守・區廳長在管轄範圍內發現需要受保護的兒童或接受監護人申請時，為了兒童的最佳利益，應依總統令所定進行下列各款保護措施。〈修正 2014.01.28.〉

1 指派專責公務員或兒童委員對保護對象兒童及監護人進行諮詢和指導

2 進行必要措施協助監護人或願意代理養育的親戚得以在家中保護、養育兒童

3 將兒童交付願意保護兒童的人士進行家庭寄養

4 將保護對象兒童安置於適合其保護措施的兒童福利機構

5 需要特殊治療或療養的受害兒童，如藥物和酒精中毒，情緒、行為、發展障礙，性暴力、兒童虐待等，安置與入住專門治療機構或療養所

6 根據「領養特別法」進行與領養相關的必要措施

②市・道知事和市長・郡守・區廳長認為第1項第1款和第2款的保護措施不適合保護對象兒童時，可進行第1項第3款至第6款的保護措施。在進行第1項第3款至第5款的保護措施之前，應對保護對象兒童進行諮詢、健康檢查、心理檢查和家庭環境調查。〈修正2016.03.22.〉

③市・道知事和市長・郡守・區廳長根據第1項進行保護措施時，應該制定保護對象兒童的個別保護和管理計畫進行保護，並且讓保護對象兒童的監護人能夠參與制定計畫。〈修正2016.03.22.〉

④市・道知事和市長・郡守・區廳長進行第1項第3款至第6款的保護措施時，應尊重保護對象兒童的意願，並且在監護人陪同下聽取意見。但兒童的監護人是懲治虐待兒童特別法第2條第5款中的兒童虐待行為者不適用。〈修正2014.01.28.、2016.03.22.〉

⑤市・道知事和市長・郡守・區廳長進行第1項第3款至第6款的保護措施時，必要時得根據第52條第1項第2款，讓保護對象兒童入住兒童臨時保護機構進行保護，或者交付適當之寄養家庭與適當的合格者進行臨時保護。於此情形，保護期間應進行保護對象兒童的諮詢、健康檢查、心理檢查和家庭環境調查，並考量結果而進行保護措施。〈修正2016.03.22.〉

⑥市・道知事和市長・郡守・區廳長應對轄區內可能引發藥物和酒精中毒，情緒、行為和發展障礙等問題兒童的家庭，採取適當的預防措施。〈修正2016.03.22.〉

⑦任何人均不得對根據第1項的保護措施和相關的兒童福利機構從業人員進行身體或心理威脅。〈修

正2016.03.22.〉

⑧市・道知事和市長・郡守・區廳長應對願意提供寄養之家庭進行犯罪紀錄查核。於此情形，經當事人同意後向相關機構負責人申請查閱警察刑事紀錄。〈修正2016.03.22.〉

⑨保護家庭支援中心負責人得請求市・道知事和市長・郡守・區廳長協助調查寄養兒童、願意提供家庭寄養之人、寄養兒童父母等人的身分等。市・道知事和市長・郡守・區廳長若無正當理由應依該請求辦理。〈修正2016.03.22.〉

⑩第2項和第5項之諮詢、健康檢查、心理檢查和家庭環境調查，第8項查閱警察刑事紀錄，第9項申請確認身分的程序和範圍等必要事項以總統令定之。〈修正2016.03.22.〉

第49條（寄養家庭支援中心的業務）

①中央寄養家庭支援中心執行下列各款業務

1 支援地方寄養家庭支援中心

2 建立有效的家庭寄養業務聯繫體制

3 研究和發布與寄養家庭業務相關的資料

4 開發和評估寄養家庭業務的計畫

5 輔導員培訓等寄養家庭相關的教育和宣導

6 建立家庭寄養業務的資訊機構並提供資訊

7 屬於總統令規定的其他寄養家庭業務及相關業務

② 地方寄養家庭支援中心執行下列各款業務

1 宣導寄養家庭業務和發掘願意提供寄養之家庭

2 對願意提供寄養之家庭進行調查並對保護對象兒童進行諮詢

3 對願意提供寄養之人和寄養家庭父母進行教育

4 寄養家庭的案例管理

5 協助兒童回歸原生家庭

6 寄養家庭兒童的獨立計畫和案例管理

7 提供轄區內寄養家庭相關的資訊

8 屬於總統令規定的其他寄養家庭業務及相關業務

第59條（費用補助）

國家或地方政府得依總統令規定補助下列各款的全部或部分費用。〈修正 2015.03.27.〉

1 兒童福利機構的設置、運作與執行計畫必要之費用，以及受託寄養兒童的養育和保護管理必要之費用

2根據保護對象兒童的代理養育或家庭寄養保護之費用
3指導、監督、啟蒙教育和宣導兒童福利業務必要之費用
4刪除〈2016.03.22.〉
4－2根據第26條通報義務教育所需之費用
5根據第37條支援弱勢兒童整合服務必要之費用
6根據第38條支援保護對象兒童自立必要之費用
7根據第42條支援資本形成業務必要之費用
8根據第58條指導、培育兒童福利團體必要之費用

上述的兒童福利法是寄養家庭的建構基礎。兒童福利法之外，從國民基本生活保障法、醫療補助法、聯合國兒童權利公約之中都可明確知道，當父母的條件不足以養育孩子時，孩子有權利獲得國家的保護和照顧。韓國已經有堅實的法律，讓政府在父母無法保護孩子時介入。遭受父親酗酒和家暴、母親精神虐待的連續殺人犯柳永哲，以及幼年時期遭受父親身體虐待的釜山女中學生殺人犯金吉泰，他們都在痛苦中成長，進入社會後造成更大的損害。

因此，防止國家遭受重大損失最有效的方法是，由政府介入保護父母無法照護的兒童，致力於研究政策並且給予援助。為了讓受傷的孩子得到健康的精神發育，如果國家站出來，並且帶動全國人民的關注，各種努力將匯集成力量，培養許多能將孩子視如己出，以愛照顧的保護家庭，那麼，韓國也能夠成為福利國家，培育出像賈伯斯那樣的天才吧。

Part 5

韓國迫切需要幼托整合

01 教師的合理待遇

「視訊取得保育教師2級證照的方法，線上就能成為幼兒園老師的方法」、「高中肄業也能成為幼兒園老師的方法」、「在家就能輕鬆取得幼兒園老師證照」、「無論是誰都能輕鬆取得幼兒園老師證照」、「6個月內快速成為幼兒園教師的方法」。只要在搜尋欄輸入「幼兒園教師」，就會大量湧現這類廣告標題。補教機構的廣告介紹最快速、最容易取得、又好找工作的正是保育教師證照，而取得的人可能成為我們寶貝孩子人生的第一個老師。

所謂的「第一個」，對於孩子來說無比重要。孩子就像一張白紙，成年人的每一個行為都像一面鏡子，並以海綿一般的吸收力學習。他們不知道什麼是好行為和壞行為，只是單純地吸收和學習，從而塑造了品格和性情。嬰幼兒時期的經驗對孩子的影響深遠，保育教師是孩子出生後接觸社會生活時最先遇到的人，因此他們的能力養成比任何事情都重要。我認為不應該只憑一張容易取得的證照，判斷是否足以擔任孩子的教保工作，而是從教育的角度考量，著重於教師的能力。即使可以在短時間內取得證照，仍然有更努力求進步的教師，反之，也有將輕鬆取得的證照視為賺錢的手段之一，把自己當成單純的保母，不求長進的教師。

婆家幼兒園發生的虐待事件，加害者當中也有在線上輕鬆取得保育教師證照的老師，讓我不得不批評老師的能力問題。光是藉由知識學習或許真的有可能在短時間內取得證照，但是對於保育教師的使命感、所擔負的角色和行為等方面，準備的時間肯定遠遠不夠。在一間補教機構的網路論壇中可以看到，「只要觀看2小時的影片就能取得保育教師證照」、「會寄送期中和期末考試題目」、「作業也透過電子郵件發送」等。光是從這些訊息就能看出保育教師證照的取得和升等評鑑，不是基於考試制度，而是以粗糙的方式濫發證照。因此，現行的保育教師證照制度，事實上無法驗證個人品格和素質。

韓國的幼兒園主要是為5歲以下的幼兒，提供就學前的嬰幼兒托育服務，過去稱為「托兒所」，1968年改稱幼兒園，並於1970年2月獲得政府的正式認可。雖然1982年曾經短暫稱為新村幼兒園，但在1991年根據嬰幼兒保育法統一稱為幼兒園。政府從1996年開始逐步推動公費托育政策，2012年實行0～2歲公費托育政策，目的是讓各家的小孩都能上幼兒園。然而，幼兒園並不足夠，政府因此放寬對幼兒園的限制，幼兒園的數量開始急劇增加。在那之後幼兒園仍然供不應求，許多孩子等著入學，合格的保育教師也嚴重不足。在這樣的情況下，保育教師的證照也勢必變得更容易取得。

反之，幼稚園教師必須從正規大學的幼保教育科系畢業、修完教育學程，並取得幼稚園正式教師證照。甚至年薪也根據學校和學年而不同，更積極上進的教師可以獲得較高的薪資。幼兒園教師和幼稚園教師之間，在證照取得上的差異，在於所歸屬的政府管理部門不同。幼稚園依據幼兒教育法規而運作，幼兒園則遵循嬰幼兒保育法。此外，幼稚園由教育部主管，幼兒園則由保健福祉部主管，這種二元的體制造成了問題。為了突破幼兒托育和教育之間的隔閡，主管部門需要整合，才能提高老師的素質。

我也認為要提高保育教師的素質，需要有合理的待遇來支撐。當然，只是改善老師的待遇無法終結兒童虐待，兒童托育和教育品質也不會隨之改善。教師必須付出和待遇相等的努力，取得證照或許容易，但請不要忘記，保育教師這個角色比小學、中學和高中老師更為重要；相較於其他容易取得的證照，保育教師的工作量並不輕鬆。孩子人生中的第一位老師，在成長過程中扮演著非常重要的角色，是足以左右孩子未來的重任，應該擁有比國小、中學和高中老師更重要的使命感。

根據韓國保育振興院的統計，2014年取得2級保育教師證照中，共有4萬3116人來自學分採計制（4萬1183人）和通訊大學（1933人），占全部人數（7萬8224人）的55.1%。換句話說，半數以上的人輕鬆地取得證照。截至2021年12月為止，全國擁有保育教師證照共有148萬8539人，2020年就有4萬9809人取得證照，2021年則有4萬6968人。這意謂著取得保育教師證照者逐年增加，或許每年都有剛取得證照，未經驗證的菜鳥老師在帶領孩子。

多年前的仁川幼兒園事件中，加害老師在1年6個月的線上學習後取得2級證照，3年之後再取得1級證照。保育教師資格體制的不嚴謹，也反映出孩子身處的教育現場有多危險，因此必須改變線上取得資格的制度。必須加強保育教師的認證體制，提供多樣化的現場實習，並且由專家進行充分的品格教育、性向和心理檢查等，也有必要藉由現場教育從實例中體會幼兒心理和發展。在保育教師培養過程中，每個月定期教育對兒童虐待的警覺性，以及適當的教導方法和情緒管理技巧，在具備更深的使命感與教師素質之後，才能在教育現場與孩子共處。

若是保育教師的素質提高，就必須提供相應的待遇。依地區、幼兒園等而不同的薪資體制必須改進，每位保育教師負責的兒童數必須減少以提高保育品質。此外，減輕保育教師的工作量，消除認證評鑑給予教師壓力，盡量讓教師專注於保育和教育。從保育教師的角度來看，還有許多地方必須改善，期盼能和提升教師能力同時進行。現在的狀況就像說要將小學由保健福祉部管理、中學則由教育部管理聽起來一樣荒謬，期盼政府能早日整合幼兒園和幼稚園的管理機構。雖然管理機構的整合，會伴隨產生教師整合上的大問題，仍然希望現有的保育教師能夠透過修讀教育學程、碩士課程等方式來完成整合。

如同公立幼稚園老師一開始由小學老師兼任的情況，幼兒園和幼稚園老師的整合必須盡快進行。接受更高的教育雖然不可能杜絕虐待行為，但是在優質的教育課程中，必能提高身為保育教師的使命感和專業意識。此外，需要增加品格和兒童虐待相關科目，並且在定期教育中每個月檢查虐待相關案例，建立由專業機構評估老師的品格和心理狀態是否適任的機制。

「請賜予我力量，去疼愛並教導孩子正確的路。因為有孩子所以才有我們的存在，請讓孩子因為有我們而保有勇氣和希望。我將教導孩子奮力展翅，以端正的目光看待世界。當他們飛向天際之後，我會久久凝視那空白的風景，然後再次填補空白，就這麼度過一生。請讓孩子愛我們，直到他們可以彼此相愛的年紀。請讓我們可以給孩子更多的愛。」

——都鐘煥〈老師的祈禱〉

有一位保育教師每天早上會大聲朗讀這篇文章，然後出門上班，可說是擁有理念並具體實踐的教育工作者。在會議時間裡，不妨從園長到教師，每個人都寫下一句話，放在自己能看到的最佳位置，提醒自己不要忘記理念和初衷，持之以恆進行自我心靈管理。

02 切勿再推遲幼托整合

「日本總理菅義偉最近公布『小朋友廳』新設方針，總管育兒和保育、防範兒童虐待等，相關部門已開始進行整合準備。韓國雖然也曾經推動，但是教育部和保健福祉部之間的業務調整並不容易，在相關職業團體反對下，『幼托整合（幼稚園＋托育機構整合）』實際上已經中止，日本是否能率先實現受到人們注目。」這是韓國日報中的一則報導內容。

「韓國做不到的『幼稚園＋幼兒園整合』有可能嗎……日本推動創設『小朋友廳』」。這些新聞標題準確指出韓國試圖幼托整合，但未能實現的情況。

在經濟合作暨發展組織（OECD）中只有日本和韓國施行幼兒教育和托育兩種體制，這意味著3到5歲兒童的托育和教育機構完全不一樣。韓國分為幼兒園和幼稚園，幼兒園以保育為目的，由保健福祉部管理，分為公立、私立、法人、工作場所等；而幼稚園以教育為重心，由教育部管理，分為公立和私立，公立幼稚園為小學附設。從幾年前開始，作為教育的一環，幼兒園也引入學前教育課程，然而，雖然進行和幼稚園相同的課程，卻是意義相近但不同的教育結構。

從幼稚園負責教育、幼兒園負責托育來看，兩者的性質和營運方式完全不同。幼兒園針對0～5歲孩子，全日班到下午5點，夜間班則由助理保育員等延時教師，從下午5點進行到晚上。滿3歲以上的孩子，1名教師負責15名兒童，直到下午5點。至於幼稚園正規的教育課程只到下午1時30分，之後則是課後輔導和額外配置的各種專業老師。大多數的父母基於教育可能會想選擇幼稚園，但單親家庭或雙薪家庭等情況不允許的話，會選擇托育時間比較長的幼兒園。

同一地區、同一年齡層，依照父母不同的選擇，孩子可能送到幼稚園或幼兒園。幼托整合問題從1960年的舊兒童福利法開始，持續被討論，1990年更集中強調，之後則是每逢總統選舉都會登場，是數十年來的老議題。歷屆總統競選政見中都可見到幼托整合，只是任何一任政府都未能解決，問題持續被擱置。為了建立所有孩子都能接受高品質教育和托育的平等社會，我們不能再退縮，必須將幼稚園和幼兒園整合為一。該是為兒童思考必要政策的時刻了。

一名養育兩個孩子的家長批評，他家老大上幼稚園、老二上幼兒園，兩邊的繳費系統不同，幼兒園用愛嬰卡（譯註：韓國政府給予特定對象的福利補助，採取卡片儲值方式，無法提領出來使用，但可用於支付費用，例如孕婦產檢，幼兒所、幼稚園學費等），幼稚園用樂兒卡，每次都很麻煩。至於送孩子去幼稚園的家長，由於政府補助之外的額外課程，如英語、體育等都是自費選擇，若是經濟條件不允許無法參加，讓孩子獨自待在教室裡的話會感到受傷。正規時間內應完成的學習變成選擇課程，家長透露心情非常沉重。此外，最令人困擾的是，幼兒園不像小學那樣實行學區制，而是必須透過預約系統提前報名等候。有些區域幼兒園分布不均，集中在某些地方，其他地方則嚴重不足。許多新手父母抱怨不熟悉預約系統，導致太晚報名，最後只能把孩子送到離家遠的幼兒園。

我的一位朋友從幼兒園保育教師轉任幼稚園教師，親身體驗到隸屬不同的部門管轄，兩者在許多方面的差異。他說雖然保育時間有大差別，但是對於學齡前孩子來說，教育和托育兩者都很重要，目前卻因為部門無法整合，讓孩子受到差別對待。許多保育教師指出，最困難的事情之一是，孩子午睡時間或回家後必須做文書工作，例如編寫週計畫、月計畫、製作園所通訊等，並沒有足夠的時間。若是與認證評鑑或其他繁重任務撞期，更難以承受。

此外，有些幼兒園有助理保育員、有些沒有，各家的行政和體制也不相同，可說是非常混亂。另外，長時間獨自照顧多名兒童，保育品質飽受詬病。由此來看，政府必須傾聽關心嬰幼兒教育的監護人，以及現場教師的意見，出面解決問題。數十年來未能解決的問題，原因顯然如線團一般糾結不清，有許多結難以解開，然而，最重要的是讓孩子享有平等的教育和托育，推動幼托整合不能再拖延。

我們應該跳脫單純的保育，強調教育的重要性，不是爭執部門的管轄權限，而是將焦點置於如何進行一元化。接著，要合理解決教師證照整合的爭議，改善教師的待遇，統一幼稚園和幼兒園設立標準，逐步推進。與其在可能失去主導權之處辯駁和反對，不如專注嬰幼兒的未來，致力於建立父母可以安心托付孩子的機構。我認為在重要議題上不應求各自的利益，而是藉由利害關係嘗試各種方法進行整合，只為孩子著想，找出單一化的解決辦法，只有這樣才能實現高品質的托育和教育。

紐西蘭大約在40年前就將照顧和管理部門單一化，以兒童的最大利益為基礎進行幼托整合。我們也應該讓所有國民關心這個問題。假設說要用小學3年級之前由保健福祉部主管，4年級以後則是由教育部主管的方式管理，大家有辦法理解嗎？我認為應該進行整合，讓教育部主管從幼稚園開始乃至大學的教育，從嬰幼兒時期開始銜接，就能提供優質和理想的教育服務。大多數的OECD會員國都是以幼稚園教育為中心，整合幼保體制，我們也應該以先進國家的經驗為基礎，向前邁進。

很久以前，當幼兒園的兒童虐待、供餐品質不良成為新聞焦點時，擔任幼兒園園長的婆婆曾經嘆了口氣說道：「一定要進行幼托整合才行，先將其他事放在後面，推出只為嬰幼兒著想的政策。」我也記得她說：「孩子沒有投票權，所以每次都無法解決。就算是給國防部管理也好，拜託將主管部門整合為一吧。」當時我不了解這番話的重要意義，並未多加思考。不應區分主管孩子教育的部門——我當時沒有意識到婆婆這番呼籲的重要性。

針對目前的眾多爭議以及嬰幼兒教育和托育問題，我期盼能整合教育計畫，聚焦於政府部門一元化整合，以及教師培訓課程、改善教師待遇，並讓嬰幼兒教育能銜接小學教育。儘管幼托整合可能無法解決所有問題，至少相關部門必須整合紊亂的指南和法規，統一營運方式，並且不應區分幼兒教育和托育，將整合視為必須努力的方向。無論財政負擔是否增加，都不能再擱置不管。創造一個可以好好培養孩子，適合生育孩子的世界，或許能夠成為低生育率問題的解決方案，不是嗎？

結語

即使在此刻，兒童虐待的新聞報導仍然持續不斷，殘酷的程度令人身體顫抖，感到沮喪和憤怒。我們真的無法阻止兒童虐待發生嗎？改善成人在教養和養育孩子時的態度和認知、待遇，乃至實現幼托整合，還有很長一段路要走。懷抱著不再有孩子遭受傷害，不再有孩子終生帶著創傷生活，期盼兒童虐待就此終止的心情，我以自己的方式思考當前的問題，並且寫下解決辦法。當然，這不是最好的解方，但是真心盼望本書能成為前進的一小步，邁向那漫長且遙遠的盡頭，成為終結兒童虐待的契機。

如果你真心希望你就做得到。
但是你必須一做再做。
那麼最終你定能做到。

——《小美人魚》

我渴望能夠終止兒童虐待而振筆直書，現在終於要在此畫上句點。沒有阻止不了的事，也沒有不可能的事，有的只是不夠渴望。如果政府和人民能一起為渴望而努力，最後一定可以終止兒童虐待事件再次發生。為什麼？因為至今我們未曾針對阻止兒童虐待付出足夠的努力。我們仍然存有希望，讓悲劇事件不再發生。

附錄

兒少保護參考資訊

附錄——兒少保護參考資訊

當發現生活周遭的兒少遭受身心虐待、疏忽等不當對待，並將他通報到縣市政府社會局（處）後，社工人員將啟動以下兩項保護兒少及其家庭之協助：

（1）保護安置：

地方政府指派社工人員進行調查評估後，如果認為基於保護孩子人身安全的必要，可能會將孩子暫時移出給予保護安置。不過，基於家庭是孩子最佳的生長環境，社工人員的優先選擇仍是協助家庭改善功能，讓孩子可以安全地留在家。

（2）提供家庭協助及要求家長參加親職教育：

發生兒虐的原因複雜，有時候可能是因為家庭環境的弱勢處境，或父母缺乏親職教養的能力，因此，社工人員介入調查後，也會協助連結資源改善兒少家庭的弱勢處境，會協助兒少父母接受親職教育，提升家庭保護教養的功能，降低兒少受虐的風險。

依據兒童及少年福利與權益保障法第69條，有明文規範不可以將受虐兒少相關的身分資訊予以公開，主要是避免兒少遭受二度傷害，因此如果將兒虐案件的照片或是相關資訊放到網路上，不僅侵害受虐兒少的隱私，也違反了法令規定。

兒童及少年性剝削防制

兒童及少年性剝削防制條例（前身為兒童及少年性交易防制條例）於106年1月1日正式施行；另於106年11月29日、107年1月3日二度修正部分條文。條例修正後，受保護的兒童少年範圍擴大，有下列行為之一，即為兒童或少年性剝削。下述行為的被害人皆為受到保護的對象：

（1）使兒童或少年為有對價之性交或猥褻行為。

（2）利用兒童或少年為性交、猥褻之行為，以供人觀覽。

（3）拍攝、製造兒童或少年為性交或猥褻行為之圖畫、照片、影片、影帶、光碟、電子訊號或其他物品。

（4）使兒童或少年從事坐檯陪酒或涉及色情之伴遊、伴唱、伴舞等行為。

●救援及犯罪偵辦窗口：各直轄市、縣（市）政府警局、各地方法院檢察署

若您得知有未滿18歲者遭性剝削或某人某行為可能有犯罪嫌疑，當您想要求助，可以告知警察局或檢察機關，請他們瞭解案情後對被害人進行救援及進一步偵查。

●社政單位聯繫窗口

若您將對涉性剝削案件的兒童少年進行訊問，請通知社政主管機關派員陪同；若您得知被害人訊息，或某人某行為可能有犯罪嫌疑，或您想要求助，可以告知社政主管機關，請他們評估聯繫相關單位偵查。

兒少網路安全

若您於網路看見暴力、色情、血腥、賭博、自殺之不當內容，網站張貼性交易訊息，或揭露違反兒少法第69條兒少隱私等案件，可至此網站檢舉。

● iWIN網絡內容防護機構 https://i.win.org.tw/

為防止兒童及少年接觸有害其身心發展之網際網路內容，由國家通訊傳播委員會邀請各目的事業主管機關，警政署、經濟部工業局以及經濟部商業司等共同籌設。

若不方便使用網站，也可直接撥打iWIN熱線舉發：（02）2577-5118

其他求助資源

● 113保護專線

若您發現有兒童、少年、老人、身心障礙者遭受不當對待，或您本身有遭受家庭暴力、性侵害、性騷擾等情事，不分縣市、24小時全天候可以手機、市話、簡訊（聽語障人士）直撥「113」，將有專業值機社工人員與您線上對談，提供您相關諮詢、通報、轉介等專業服務，113保護專線將遵循保密原則，不會任意向第三人透漏您的個人資料，請安心撥打。

● 113線上諮詢

如果您是聽語障或不便言談的朋友，也可以傳簡訊至113，或利用113線上諮詢與保護專線的專業人員聯繫。

●關懷E起來、紙本通報〈兒少保護案件通報表〉

提供民眾線上通報及諮詢有關家庭暴力、性侵害及兒少保護事項，如果發現身旁兒少疑似遭受疏忽、虐待等不當對待情形，請立即上網諮詢通報。

●各直轄市、縣（市）政府家庭暴力及性侵害防治中心

各直轄市、縣（市）政府設有家庭暴力及性侵害防治中心，可以就近受理家庭暴力及性侵害通報事件，如果發現身旁兒少疑似遭受疏忽、虐待等不當對待情形，也可以直接洽當地的家庭暴力及性侵害防治中心給予協助。

資訊出處：
iWIN網絡內容防護機構 https://i.win.org.tw/
社會安全網 https://topics.mohw.gov.tw/SS/cp-4530-50101-204.html
衛生福利部 https://www.mohw.gov.tw/cp-88-233-1-43.html
衛生福利部保護服務司 https://dep.mohw.gov.tw/DOPS/mp-105.html

國家圖書館出版品預行編目（CIP）資料

當管教變成虐待：多角度剖析兒虐事件的真實樣貌，守護孩子健全成長機會的教養省思/金智恩著；謝麗玲譯. -- 初版. -- 臺北市：臺灣東販股份有限公司，2023.06
212面；14.7×21公分
譯自：맞아도 되는 아이는 없다 : 어른 손에 스러진 아이들, 어느 아동학대 피해자의 고백
ISBN 978-626-329-863-7（平裝）

1.CST: 兒童虐待 2.CST: 兒童保護

544.61 112006780

當管教變成虐待

多角度剖析兒虐事件的真實樣貌，
守護孩子健全成長機會的教養省思

2023年6月1日初版第一刷發行

作　　者　金智恩
譯　　者　謝麗玲
編　　輯　曾羽辰
美術設計　黃瀞瑢
發 行 人　若森稔雄
發 行 所　台灣東販股份有限公司
＜地址＞台北市南京東路4段130號2F-1
＜電話＞(02) 2577-8878
＜傳真＞(02) 2577-8896
＜網址＞http://www.tohan.com.tw
郵撥帳號　1405049-4
法律顧問　蕭雄淋律師
總 經 銷　聯合發行股份有限公司
＜電話＞(02) 2917-8022

TOHAN